U0571789

数字化教育技术应用

主　编　白雪岩

副主编　苏凤梅　孙　岩

参　编　梁　雪　王大明　徐红艳　钟玉双

　　　　杨荣辉　程立军　张　帆　冯丽华

主　审　肖伯玲

北京理工大学出版社

BEIJING INSTITUTE OF TECHNOLOGY PRESS

内 容 简 介

　　本教材内容设计紧扣教学标准，采用项目任务式编写，以学生为中心，充分利用教学平台辅助。融入线上线下教学经验，传授专业知识与技能，同时强调职业道德和工匠精神，实现学生知识与技能的双重提升。通过创新书中内容、精心设计教材、灵活多样的教学模式和科学完善的评价体系，力求实现岗位与课程紧密结合，提升人才培养质量。本书页面布局合理、简洁，以项目任务式呈现，目录清晰、内容实用、操作简便，涵盖丰富的二维码资源。全书共 4 个项目、18 个任务，实用性强。项目布局精心，通过连贯的设定展现项目内容，每个任务均有科学的导航环节，引导学生按步骤学习并鼓励拓展，增强学习系统性和深度。

　　本书主要面向的是院校学前教育、早期教育和幼儿保育专业的学生，为这些学生量身定制了数字化教育技术的学习内容。此外，其他专业的学生若对计算机实操训练感兴趣，也可将本书作为辅助学习资料，以拓宽技能边界，增强自身的职业竞争力。

图书在版编目（CIP）数据

数字化教育技术应用 / 白雪岩主编 . -- 北京 : 北京理工大学出版社，2024.4

　　ISBN 978-7-5763-3897-3

　　Ⅰ . ①数… Ⅱ . ①白… Ⅲ . ①学前教育 – 计算机辅助教学 Ⅳ . ①G613-39

　　中国国家版本馆 CIP 数据核字（2024）第 088511 号

责任编辑: 时京京　　　　**文案编辑:** 时京京
责任校对: 刘亚男　　　　**责任印制:** 施胜娟

出版发行 / 北京理工大学出版社有限责任公司

社　　址 / 北京市丰台区四合庄路 6 号

邮　　编 / 100070

电　　话 /（010）68914026（教材售后服务热线）
　　　　　　（010）63726648（课件资源服务热线）

网　　址 / http://www.bitpress.com.cn

版 印 次 / 2024 年 4 月第 1 版第 1 次印刷

印　　刷 / 定州启航印刷有限公司

开　　本 / 889 mm × 1194 mm　1/16

印　　张 / 12.5

字　　数 / 249 千字

定　　价 / 89.00 元

在数字化浪潮席卷全球的今天，教育技术正以前所未有的速度发展，深刻改变着教育领域的面貌。数字化教育技术，作为信息技术与教育教学的深度融合，运用计算机进行信息处理已成为每个人必备的能力。党的二十大报告首次将"推进教育数字化"写入，这体现了党中央对教育数字化的高度重视和战略思考。深入贯彻党的二十大精神，全面推进教育数字化，以适应新时代的发展要求。

本书以教学标准为核心指导，采用项目任务式的编写模式，始终以学生为中心，并充分发挥教学平台的辅助作用。在编写过程中，我们将长期积累的丰富经验融入线上线下融合式教学，不仅传授专业知识与技能，更将职业道德和工匠精神渗透其中，实现学生知识与技能的双重提高。通过课程内容的创新、教材的精心设计、教学模式的灵活多样以及评价体系的科学完善，我们力求实现岗位与课程的紧密结合，从而全面提升人才培养的质量。

本书页面布局合理、简洁直观，以项目任务式呈现整体框架，目录清晰、取材合理、难度适中、内容实用、操作步骤简洁明了，涵盖微课、操作实例、拓展训练等二维码资源，以便学生自学。全书共有文本的处理技术与应用、电子表格的处理技术与应用、演示文稿的处理技术与应用和图形图像的处理技术与应用4个项目，包含18个任务，每个任务都具有很强的实用性和操作性。

书中的项目布局十分精心，通过"项目描述→学习目标→项目导读"这一连贯的设定，为学习者直观地展现了项目内容，使学习者能够迅速把握项目的核心要点和预期的学习成果。而在每个具体任务中，又巧妙地安排了"任务描述→学习目标→技术分析→学习准备→任务实施→任务评价→拓展训练"这一系列导航环节，不仅引导学生们按照科学的步骤学习，还鼓励学生们在完成基础任务后进行拓展，进一步提升自身能力，极大地增强了学生们学习的系统性和深度。

本书作为河北省级在线精品课"信息技术"课程的支撑教材，配有微课视频、教学设计、课件、任务素材、理论测试题和实操测试题等丰富的数字化学习资源。学习者登录学习

通平台，搜索"信息技术"，单击"加入课程"，即可进行在线开发课程的学习。

　　本书编写成员均为学校从事多年计算机和学前教育教学工作的教师，由白雪岩担任主编，苏凤梅、孙岩担任副主编，梁雪、王大明、徐红艳、钟玉双、杨荣辉、程立军、张帆和冯丽华担任参编。全书由白雪岩统稿、审稿并定稿。具体编写分工如下：项目一由白雪岩编写，项目二由孙岩编写，项目三由苏凤梅编写，项目四（任务 1、任务 4）由苏凤梅编写，项目四（任务 2、任务 3、任务 5）由白雪岩编写。参编人员协助完成前期调研、搜集素材，编写知识准备、工作页和微课脚本等编写辅助性工作。

　　限于编者水平，书中难免存在不足之处，恳请广大读者不吝赐教。

编　者

目录

项目一　文本的处理技术与应用

项目描述

　　学前教育系的学生孙佳，在去幼儿园实习前期，被告知实习的工作范围除协助带班班主任管理好班级外，还要辅助完成编写教案、撰写通知、整理报告等日常工作，最终撰写实习报告，作为实习成绩。要想成为优秀的实习生并能完成老师教给她的任务，就要用到 Word 软件，用它能快速处理文档、编辑文档、保存文档、打印文档，可以轻松制作文稿、教案、活动安排、通知等，Word 软件是满足学习和工作最常用的办公软件之一。

学习目标

【知识目标】

　　1. 会编辑文本，能查找文本和替换文本。

　　2. 会对文本格式、段落格式及特殊格式进行设置。

　　3. 会对图片、形状、文本框和艺术字等进行编辑和美化操作。

　　4. 能插入和编辑表格，对表格进行美化操作。

　　5. 会灵活设置页面操作，包括页眉、页脚设置。

　　6. 掌握文档在不同视图模式下的显示方式和使用操作。

　　7. 能够利用图文混排效果，制作复杂文档。

【能力目标】

　　1. 能利用 Word 软件设计大型文稿。

　　2. 培养学生图文结合的搭配能力和审美能力。

　　3. 提高 Word 操作的速度、技巧和能力。

　　4. 培养学生的学习能力、动手能力、合作能力、评价能力和创新能力。

【素养目标】

　　1. 培养学生信息意识，在合作解决问题过程中，能与团队共享信息，实现信息的更大价值。

　　2. 培养学生规范意识，在学习技能的同时提高参与信息社会的责任感与行为能力。

　　3. 培养学生的思维意识，借助信息资源，提升审美能力、创新能力，解决职业岗位和生活情境的实际问题。

　　4. 培养学生的数字化学习与创新意识，增强数字化技能，实现学生终身学习的目标。

 项目导读

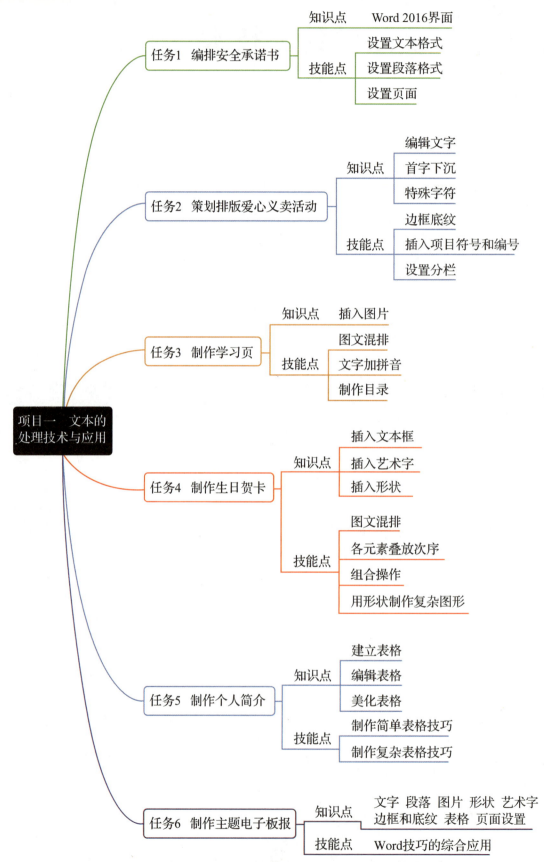

本项目将通过 6 个任务，来学习文本的处理技术与应用。

任务1 编排安全承诺书

任务描述

幼儿园园长给准备带小班的班主任孙佳安排了一个任务，让她为迎接小朋友的到来准备一份承诺书，将这份"幼儿园安全承诺书"的内容输入电脑作为文档保存。要求文档条理清晰、突出重点，页面美观大方。"幼儿园安全承诺书"文档排版效果如图1-1-1所示。

幼儿园安全承诺书

幼儿园工作安全第一，安全工作教师先行，为了加强管理，落实责任，杜绝幼儿园事故的发生，我校本着"安全工作，预防第一"的管理方针，特与教师签订安全责任书。

一、教师在幼儿入园之时起便对幼儿的安全负责。教师是班级安全工作第一责任人，各班幼儿出现安全问题，教师负主要责任。教师要高度重视幼儿的安全教育，加强安全管理，认真督促落实好班级各项安全措施，发现问题及时处理。

二、课堂教学安全由任课教师负责，各教师必须重视每个孩子，让每个孩子在自己的视线之内，并及时清点各班人数。

三、严格执行接送制度。教师必须督促家长进行登记，否则，出现问题，后果自负。

四、户外游戏要确保幼儿安全。要有计划地组织指导幼儿活动，科学锻炼，确保每一个幼儿活动的安全。

五、各班注意用电安全。严禁幼儿触摸各种电器，并结合实际随机向幼儿进行自救、健康、安全等教育，提高幼儿自我保护意识。

六、教师必须严格执行请假制度，不得私自外出；如果私自外出，幼儿出现安全问题，后果自负。

七、各班教师应经常对幼儿进行安全教育，教育幼儿发现问题及时汇报，保证幼儿在园安全。

八、教师要作好班级卫生、消毒、晨检、午检工作，随时注意每一位幼儿的变化情况，杜绝安全事故的发生。

九、在工作中，如果因教师管理不善，失职，在可避免性情况下造成对幼儿伤害，教师要负责。

承诺人：

日　期：

图1-1-1 "幼儿园安全承诺书"文档排版效果

排版要求

3

 学习目标

1. 认识 Word 软件界面及功能。

2. 会建立、保存、删除、重命名、另存为文档。

3. 会正确快速录入文档，灵活编辑文档。

4. 会对文档进行页面设置。

5. 会对文档进行查找与替换操作。

6. 能设置文字格式和段落格式。

7. 在进行文档编辑技能训练的同时，了解作为幼儿老师要具备的职业素养，时刻要有安全意识。

8. 鼓励学生进行规范设计，培养学生的审美能力和创新能力。

 技术分析

➤ 通过"文件"选项卡的"新建""保存""另存为"命令，实现对文档的基本操作。

➤ 通过"布局"选项卡的"页面设置"选项组的按钮，可以对文档进行页面设置。

➤ 通过"开始"选项卡的"字体"选项组中的按钮或打开"字体"对话框，可以对字体、字符间距进行设置。

➤ 通过"开始"选项卡的"段落"选项组中的"段落"对话框，可以对段落的缩进效果、行距和间距等进行设置。

 学习准备

（1）扫码观看微课进行预习。

（2）扫码自学课前知识准备。

（3）扫码完成工作页的引导问题。

微课　　　　知识准备　　　工作页

任务实施

1. 打开 Word 2016 软件

双击桌面"Word 2016"快捷图标 即可打开并新建一个 Word 2016 文档。

2. 复制粘贴素材

操作演示

打开文件：资料库 / 项目一 / 任务 1/ 课堂案例 / 幼儿园安全承诺书 .docx，将文档中的内

容复制到新建的 Word 文档中。

【提示】录入原文（560 字），学生录入速度 30 字 / 分，计划 20 分钟录完，可计时自测。

3. 字体格式

在 Word 2016 中，通过"开始"选项卡、"字体"选项组命令进行字符格式设置。"字体"选项组如图 1-1-2 所示。

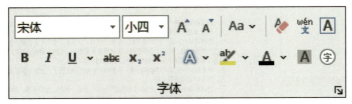

图 1-1-2 "字体"选项组

"字体"选项组常用按钮及功能见表 1-1-1。

表 1-1-1 "字体"选项组常用按钮及功能

名称	图标	作用
"字体"下拉列表框	宋体	可选择一款字体作为选择文本的字体
"字号"下拉列表框	四号	单击右侧的下拉按钮，在弹出的下拉列表中选择需要的字号
加粗	B	可将所选文字设置为加粗
倾斜	I	可将所选文字设置为倾斜
下划线	U	单击该按钮将为文字添加下划线
字体颜色	A	为文本设置颜色
文本效果	A	对所选文本应用外观效果（如阴影、发光或映像）
上标	x²	可将选择的文字设置为上标
下标	x₂	可将选择的文字设置为下标
增大字体	A	可将所选文字的字号增大
缩小字体	A	可将所选文字的字号减小

（1）设置标题字体格式。

单击"开始"选项卡、"字体"选项组的字体、字号、文本效果按钮，将标题"幼儿园安全承诺书"设置为字体"宋体"、字号"小二号"，文本效果为"填充：橙色，主题色 2；边框：橙色，主题色 2"，如图 1-1-3 所示。

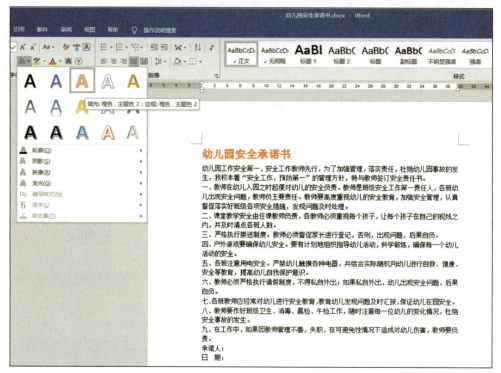

图 1-1-3　设置标题字体格式

设置前后效果如图 1-1-4 所示。

幼儿园安全承诺书　　➡　　**幼儿园安全承诺书**

图 1-1-4　标题字体格式设置前后效果

（2）设置正文字体格式。

用上述同样的方法设置所有正文字体为"宋体"，字号为"四号"，也可在选中文本的前提下，左键单击"字体"设置，打开"字体"对话框，或右键单击"字体"命令，打开"字体"对话框，如图 1-1-5 所示。

图 1-1-5　"字体"对话框

4.段落格式

文档的段落格式通过"开始"选项卡、"段落"选项组的按钮进行设置。"段落"选项组如图 1-1-6 所示。

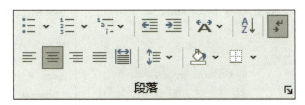

图 1-1-6 "段落"选项组

"段落"选项组常用按钮及功能介绍见表 1-1-2。

表 1-1-2 "段落"选项组常用按钮及功能

名称	图标	作用
左对齐		将文字左对齐
居中对齐		将文字居中对齐
右对齐		将文字右对齐
两端对齐		使文字左右两端同时对齐，并根据需要增加字符间距
分散对齐		使段落两端同时对齐，并根据需要增加字符间距
行距		行和段落间距
项目符号		开始创建项目符号列表
编号		开始创建编号列表
增加缩进量		增加段落的缩进量
减少缩进量		减少段落的缩进量

（1）标题居中。

选中标题"幼儿园安全承诺书"后，单击"开始"选项卡、"段落"选项组的"居中"按钮，如图 1-1-7 所示。

图 1-1-7 "段落"选项组的"居中"按钮

（2）首行缩进。

在"段落"选项组中单击段落设置，打开"段落"对话框，也可在选中文本的前提下右键单击"段落"命令，打开"段落"对话框，将正文所有段落（除"承诺书"和"日期"段落外）设置为"首行缩进"，缩进值为 2 字符，如图 1-1-8、图 1-1-9 所示。

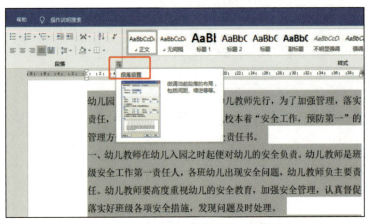

图 1-1-8　打开"段落"对话框

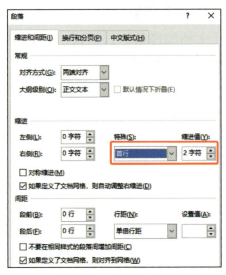

图 1-1-9　"段落"对话框中设置首行缩进

设置首行缩进前后效果对比如图 1-1-10、图 1-1-11 所示。

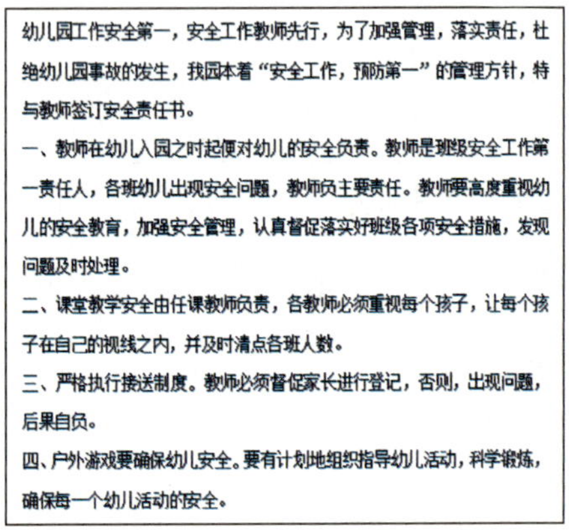

图 1-1-10　设置首行缩进前效果

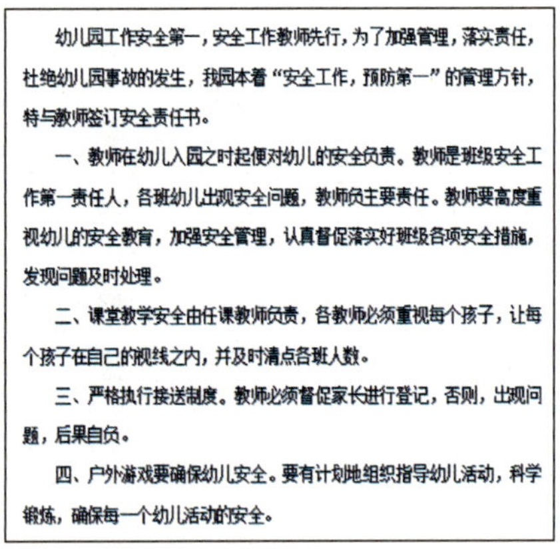

图 1-1-11　设置首行缩进后效果

（3）设置行间距。

正文所有段落的行间距设置为固定值 26 磅。选中所有正文后设置行距，如图 1-1-12 所示。

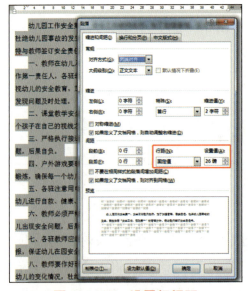

图 1-1-12　设置行间距

设置行距前后效果对比如图 1-1-13、图 1-1-14 所示。

幼儿园工作安全第一，安全工作教师先行，为了加强管理，落实责任，杜绝幼儿园事故的发生，我园本着"安全工作，预防第一"的管理方针，特与教师签订安全责任书。

一、教师在幼儿入园之时起便对幼儿的安全负责。教师是班级安全工作第一责任人，各班幼儿出现安全问题，教师负主要责任。教师要高度重视幼儿的安全教育，加强安全管理，认真督促落实好班级各项安全措施，发现问题及时处理。

幼儿园工作安全第一，安全工作教师先行，为了加强管理，落实责任，杜绝幼儿园事故的发生，我园本着"安全工作，预防第一"的管理方针，特与教师签订安全责任书

一、教师在幼儿入园之时起便对幼儿的安全负责。教师是班级安全工作第一责任人，各班幼儿出现安全问题，教师负主要责任。教师要高度重视幼儿的安全教育，加强安全管理，认真督促落实好班级各项安全措施，发现问题及时处理。

图 1-1-13　设置行距前效果　　　　　　　　　图 1-1-14　设置行距后效果

（4）设置段后间距。

标题行与正文之间拉大距离，将光标移动到标题处，右键单击"段落"命令，打开"段落"对话框，设置间距为段后"1 行"，如图 1-1-15 所示。

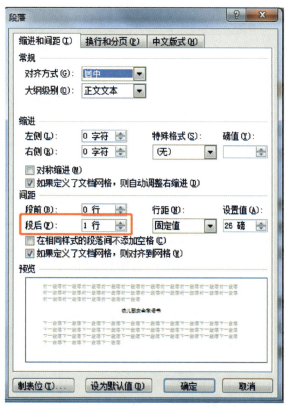

图 1-1-15　设置段后间距

设置段后间距前后效果对比如图 1-1-16、图 1-1-17 所示。

幼儿园安全承诺书

幼儿园工作安全第一，安全工作教师先行，为了加强管理，落实责任，杜绝幼儿园事故的发生，我校本着"安全工作，预防第一"的管理方针，特与教师签订安全责任书。

幼儿园安全承诺书

幼儿园工作安全第一，安全工作教师先行，为了加强管理，落实责任，杜绝幼儿园事故的发生，我校本着"安全工作，预防第一"的管理方针，特与教师签订安全责任书。

图 1-1-16　设置段后间距前效果　　　　　　　图 1-1-17　设置段后间距后效果

（5）设置段落左右缩进。

将最后两行"承诺人""日期"向左缩进 25 个字符。同时选中文本后，打开"段落"对话框进行缩进效果设置，如图 1-1-18 所示。

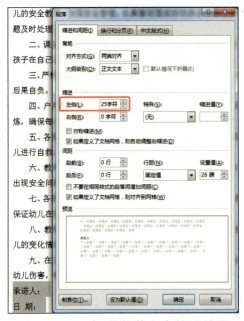

图 1-1-18　设置段落左右缩进效果

设置缩进前后效果对比如图 1-1-19、图 1-1-20 所示。

图 1-1-19　设置缩进前效果　　　　　　图 1-1-20　设置缩进后效果

5. 页面设置

"幼儿园安全承诺书"排版到一张 A4 纸上，需要设置纸张、页边距、纸张方向，单击"布局"选项卡、"页面设置"选项组，选择相应按钮进行页面设置；或在打开的"页面设置"对话框中选择相应命令进行页面设置，如图 1-1-21 所示。

图 1-1-21　页面设置

【提示】根据文本内容及使用要求，灵活进行页面设置。

6.查找和替换

使用"查找和替换"功能，可以方便地找到文档中的文本、符号或格式，也可以对这些内容进行替换。

试一试查找和替换操作：

（1）查找文档中的"教师"两字。

➤切换到"开始"选项卡。

➤在"开始"选项卡中单击【编辑】命令组，并在其下拉菜单中选择"查找"，打开文档左侧是【导航】面板。

➤在【导航】面板的文本框中输入要搜索的文本"教师"并按〈Enter〉键。操作步骤如图 1-1-22 所示。

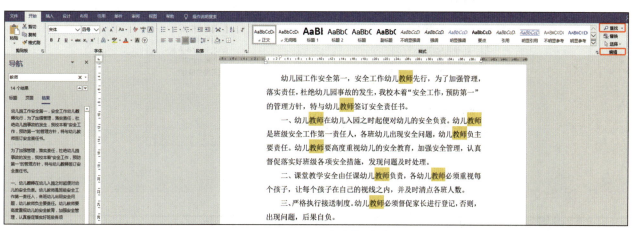

图 1-1-22 "查找"命令

（2）替换。

在阅读文档后，感觉使用"幼儿教师"更合适，因此需要把文档中的"教师"统一替换成"幼儿教师"。

➤选择"替换"，打开"查找和替换"对话框。

➤单击"替换"选项卡。

➤在"查找内容"文本框中输入"教师"。

➤在"替换为"文本框中输入"幼儿教师"。

➤单击【全部替换】按钮完成替换。操作步骤如图 1-1-23 所示。

图 1-1-23 "查找和替换"对话框

【提示】高级替换文本操作

试一试：将"幼儿教师"的字体格式设置为"红色，加粗"。这种带格式的替换操作可以用替换对话框中的"特殊格式"完成。

➤ 在"查找和替换"对话框中单击"替换"选项卡。

➤ 在"查找内容"后的文本框中输入"幼儿教师"。

➤ 在"替换为"后的文本框中输入"幼儿教师"。

➤ 单击 更多(M)》 按钮，打开 格式(O)▾ 命令字体对话框，选择字体颜色—红色、字形—加粗，实现替换为带字体格式的本文，如图 1-1-24 所示。

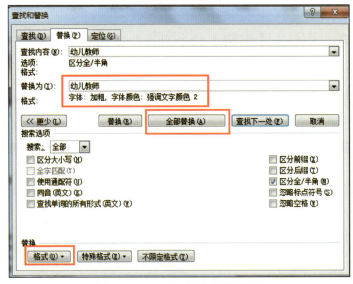

图 1-1-24　文本的高级替换

7. 保存文档

文档设置完成后，需要保存为"编排幼儿园安全承诺书 .docx"。

➤ 单击"文件"选项卡。

➤ 选择"另存为"对话框，在"文件名"框中输入文件名"编排幼儿园安全承诺书"。

➤ 选择保存文件的路径后，单击"保存"按钮完成保存，如图 1-1-25 所示。

图 1-1-25　保存文档

 **任务评价**

任务评价表

考核内容	考核标准	分值100	学生自评10%	组内互评30%	组间互评30%	教师评价30%
精神面貌	课前准备足，课上精神佳，发言清亮，兴趣浓	10				
任务评价	设置页面	12				
	排版在一张 A4 纸上	12				
	合理设置标题和正文字体格式	12				
	合理设置各段落格式	12				
	合理设置文本缩进效果	12				
参与程度	学习时长持久，积极发现问题并清晰表达；善于倾听评价，思考创新；小组合作交流顺畅	10				
参与效果	学习品质坚实，自主习惯养成，问题意识敏锐，合作竞争共赢	10				
反思总结	拓展深入，笔记详尽，总结反思到位	10				

 拓展训练

排版哲理小故事。

操作要求：

（1）搜集要求，上网搜集 10 篇哲理小故事，每篇 100 字左右。

（2）文章排版要求：中文录入，文字符号正确，按统一标准排版，以保持文章层次清楚、内容条理分明，重点突出。

（3）要求页面整齐，页面设置和页数不做要求。

任务2 策划排版爱心义卖活动

 **任务描述**

为了丰富孩子们的生活，培养孩子们的组织能力、团队合作精神以及奉献爱心、关爱他人的良好品质，红黄蓝幼儿园举办了"爱心满园，情暖人心"义卖活动。要对活动进行前期策划，制定方案并排版设计，为搞好此次活动做好准备。幼儿园园长委托蓝一班的班主任对爱心义卖活动策划稿进行排版，要求文档条理清晰、突出重点，页面美观大方。文档排版效果如图1-2-1所示。

排版要求

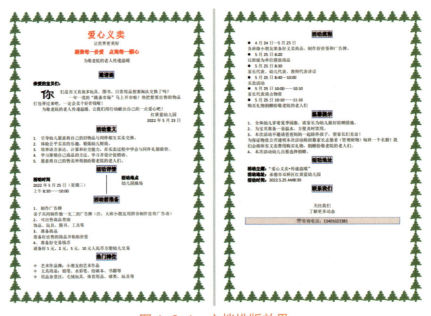

图 1-2-1 文档排版效果

 **学习目标**

1. 对文档进行特殊排版，如分栏、首字下沉、加边框和底纹等效果。

2. 会灵活编辑文档。

3. 会插入符号、特殊符号、编号和项目符号。

4. 能灵活运用文字格式和段落格式，修改文字、段落样式，以保证文档页面布局美观大方。

5. 在进行文档编辑技能训练的同时，培养学生组织、策划活动的能力。

6. 鼓励学生进行规范设计，培养审美能力和创新能力。

技术分析

➢ 通过"插入"选项卡的"文本"选项组中的"首字下沉"按钮，突出显示段落中的第一个字或字母，增加文本层次感和视觉效果，吸引注意力并强调主题。

➢ 通过"布局"选项卡的"页面设置"选项组中的"分栏"下拉列表，可以让文档的版面更加灵活、美观，更具个性化，给读者更好的阅读体验。

➢ 通过"设计"选项卡的"页面背景"选项组的"边框和底纹"对话框，或"开始"选项卡的"段落"选项组的"边框和底纹"命令，突出显示重要内容或美化版面，增加文档的可读性，提升视觉效果和美观度，使文档更加专业、易读。

➢ 通过"插入"选项卡的"符号"选项组中的各种符号按钮，可以增强文本的表达效果，提高文档的可读性。

➢ 通过"开始"选项卡的"段落"选项组中的"项目符号""编号"命令，实现对文本的标记和排版，使文档更有条理，层次结构更清晰，更方便阅读。

学习准备

（1）扫码观看微课进行预习。
（2）扫码自学课前知识准备。
（3）扫码完成工作页的引导问题。

微课　　　知识准备　　　工作页

任务实施

1. 打开 Word 2016 软件

双击桌面"Word 2016"快捷图标 ，即可打开并新建一个 Word 2016 文档。

2. 复制粘贴素材

操作演示

打开文件：资料库/项目一/任务 2/课堂案例/爱心义卖活动策划（原文）.docx，将文档中的内容复制到新建的 Word 文档中。

【提示】录入原文（833 字），学生录入速度 30 字/分，计划 30 分钟录完，可计时自测。

3. 文档字体格式设置

整篇文稿以宋体、小四号为主，按〈Ctrl+A〉组合键全选文档，通过"开始"选项卡、"字体"选项组，进行字符格式设置。"字体"选项组的命令如图 1-2-2、图 1-2-3 所示。

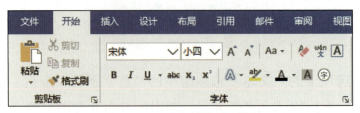

图 1-2-2 "字体"选项组

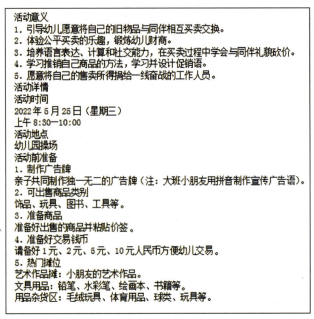

图 1-2-3 字体格式为"宋体 小四号"效果

4. 设置标题字体格式

将标题"爱心义卖……传递温暖"设置适当的字体格式，例如："爱心义卖"设置宋体、小一号、红色、字符间距：加宽，磅值：1.6 磅；"凝聚每一份爱 点亮每一颗心"设置宋体、四号、红色，如图 1-2-4~ 图 1-2-6 所示。

图 1-2-4 "字体"对话框

图 1-2-5 调整字符间距

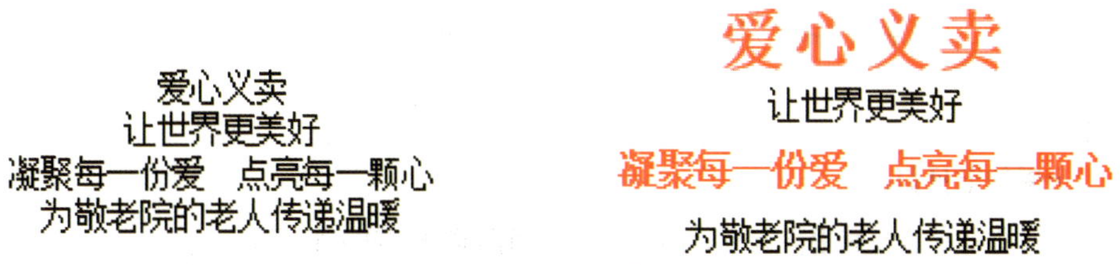

爱心义卖
让世界更美好
凝聚每一份爱　点亮每一颗心
为敬老院的老人传递温暖

爱 心 义 卖
让世界更美好
凝聚每一份爱　点亮每一颗心
为敬老院的老人传递温暖

图 1-2-6　标题字体格式设置前后效果

5. 设置段落格式

将"邀请函……2022 年 5 月 23 日"设置段落格式，"亲爱的宝贝"文字设置加粗效果，正文设置"首行缩进 2 个字符"，通过"开始"选项卡、"段落"选项组，在"段落"对话框中进行段落格式设置，如图 1-2-7 所示。

邀请函下侧的落款"红黄蓝幼儿园 2022 年 5 月 23 日"两行调整到右下角适当位置处，达到美观的程度。设置落款前后效果如图 1-2-8、图 1-2-9 所示。

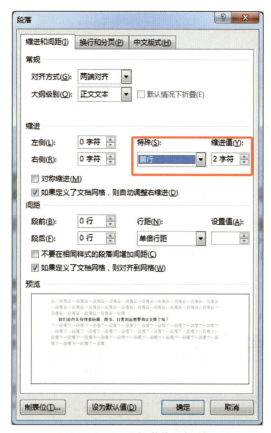

图 1-2-7　"段落"对话框

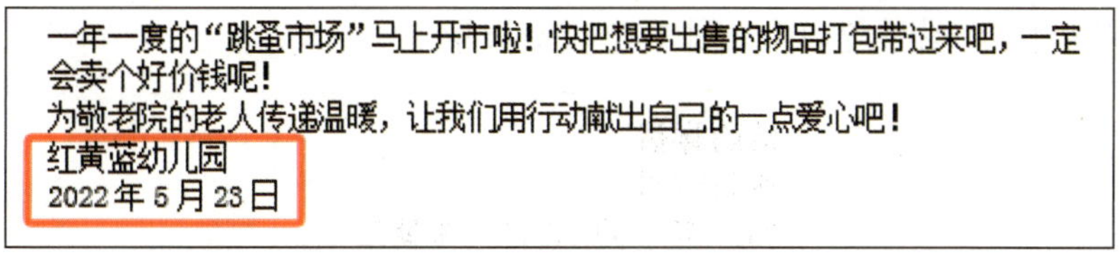

一年一度的"跳蚤市场"马上开市啦！快把想要出售的物品打包带过来吧，一定会卖个好价钱呢！
为敬老院的老人传递温暖，让我们用行动献出自己的一点爱心吧！
红黄蓝幼儿园
2022 年 5 月 23 日

图 1-2-8　设置落款前效果

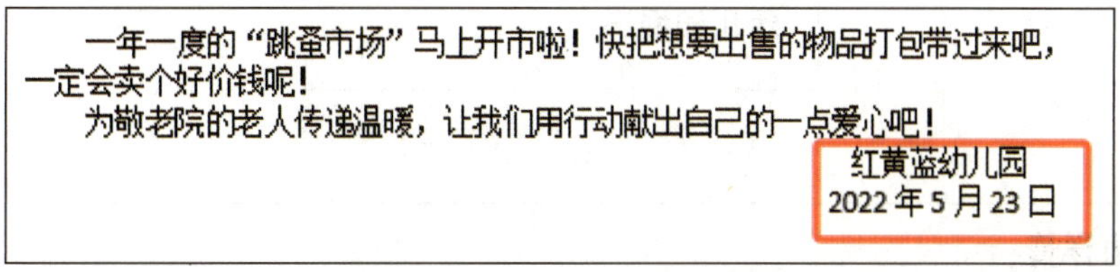

一年一度的"跳蚤市场"马上开市啦！快把想要出售的物品打包带过来吧，一定会卖个好价钱呢！
为敬老院的老人传递温暖，让我们用行动献出自己的一点爱心吧！
红黄蓝幼儿园
2022 年 5 月 23 日

图 1-2-9　设置落款后效果

6. 根据文字内容，可适当调整行距和间距，确保能排在 2 页 A4 纸上

可参考值为，行距设置为单倍行距，间距用来设置段与段之间的距离，可通过调整间距

段前或段后的设置，拉大段与段之间的距离。例如将"亲爱的宝贝们"设置间距为段后0.5行，如图1-2-10所示。

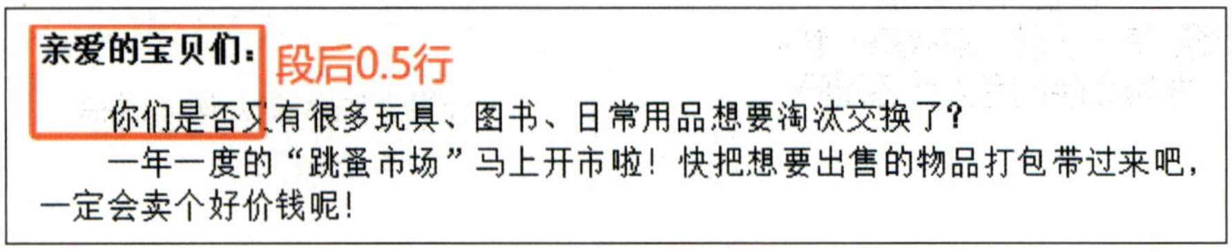

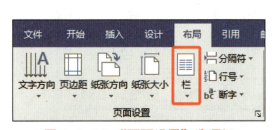

图1-2-10　设置段后0.5行效果

7. 设置特殊排版方式，分栏效果

将"活动详情"这部分文字分为两栏，加分隔线。选中"活动时间……幼儿园操场"后，通过"布局"选项卡、"页面设置"选项组，单击"栏"下拉列表选择"更多栏"，勾选上"分隔线"复选框，如图1-2-11、图1-2-12所示。

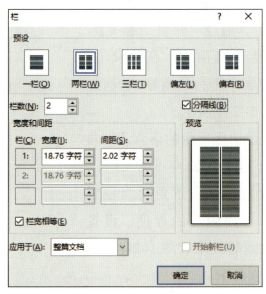

图1-2-11　"页面设置"选项组　　　　图1-2-12　"分栏"对话框

设置前后效果对比如图1-2-13、图1-2-14所示。

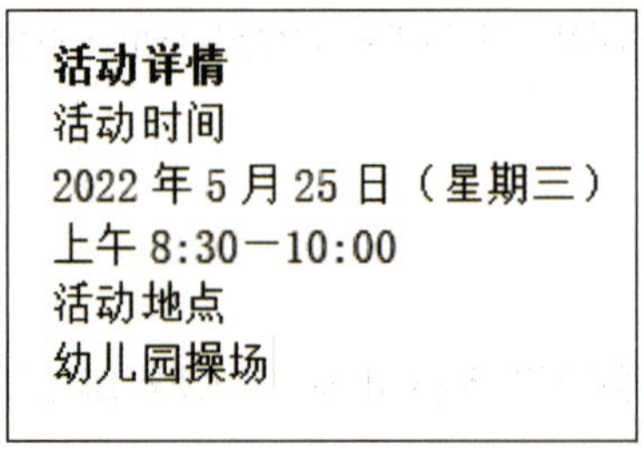

活动详情
活动时间
2022年5月25日（星期三）
上午8:30—10:00
活动地点
幼儿园操场

图1-2-13　默认一栏效果

活动详情
活动时间
2022年5月25日（星期三）
上午8:30—10:00
　　　　　　　活动地点
　　　　　　　幼儿园操场

图1-2-14　设置两栏效果

8. 设置特殊排版方式，首字下沉效果

将"你们是否又有很多玩具、图书、日常用品想要淘汰交换？"这段的第一个字"你"设置为"首字下沉"。选中"你"字或光标移动到此处后，单击"插入"选项卡、"文本"选项组，单击"首字下沉选项"，在"首字下沉"对话框中，设置字体为"隶书"，下沉 2 行，距正文 0.5 厘米，如图 1-2-15 所示。

设置"首字下沉"前后效果对比如图 1-2-16、图 1-2-17 所示。

图 1-2-15　设置"首字下沉"

亲爱的宝贝们：
你们是否又有很多玩具、图书、日常用品想要淘汰交换？
一年一度的"跳蚤市场"马上开市啦！快把想要出售的物品打包带过来吧，一定会卖个好价钱呢！

图 1-2-16　设置"首字下沉"前效果

亲爱的宝贝们：
你们是否又有很多玩具、图书、日常用品想要淘汰交换？
一年一度的"跳蚤市场"马上开市啦！快把想要出售的物品打包带过来吧，一定会卖个好价钱呢！

图 1-2-17　设置"首字下沉"后效果

9. 设置特殊排版方式，文字边框和底纹效果

利用边框和底纹效果，将文档活动分出项目。按住"Ctrl"键分别选中单击"邀请函""活动意义""活动详情""活动前准备""热门摊位""活动流程""温馨提示""活动地址""联系我们"添加文字边框。单击"开始"选项卡、"段落"选项组，如图 1-2-18 所示。

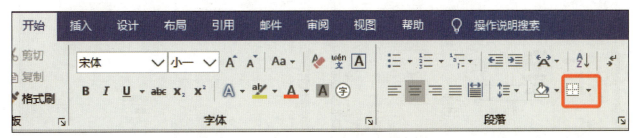

图 1-2-18　"段落"选项组"边框"按钮

在"边框和底纹"对话框，单击"边框"选项卡，添加边框，线型为"虚线"，颜色为"深蓝 淡色 40%"，宽度为"0.75 磅"，应用于"文字"；单击"底纹"选项卡，添加文字的底纹，颜色"红色，淡色 80%"，应用于"文字"。同时文字设置为"四号"，加粗和居中效果。

添加文字边框如图 1-2-19 所示。

添加文字底纹如图 1-2-20 所示。

图 1-2-19　添加文字边框

图 1-2-20　添加文字底纹

为文字添加边框和底纹前后效果对比如图 1-2-21 所示。

10. 设置特殊排版方式，段落边框和底纹效果

将最后一段"咨询电话：134×××　×3381"添加段落边框，线型为"虚线"，颜色为"深蓝 淡色 40%"，宽度为"0.75 磅"，应用于"段落"；添加段落底纹，颜色"红色，淡色 80%"，应用于"段落"。

添加段落边框如图 1-2-22 所示。

添加段落底纹如图 1-2-23 所示。

邀请函　　　**邀请函**

活动意义　　　**活动意义**

图 1-2-21　设置文字边框和底纹前后效果

图 1-2-22　添加段落边框

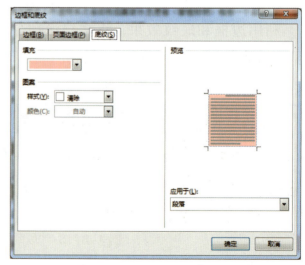

图 1-2-23　添加段落底纹

为段落添加边框和底纹前后效果对比如图 1-2-24、图 1-2-25 所示。

了解更多动态

咨询电话：134××××3381

图 1-2-24　添加段落边框和底纹前效果

了解更多动态

咨询电话：134××××3381

图 1-2-25　添加段落边框和底纹后效果

11. 插入项目符号

单击"开始"选项卡、"段落"选项组的"项目符号"按钮，实现对文本的标记和排版，使文档更有条理，层次结构更清晰，方便阅读，如图 1-2-26 所示。

图 1-2-26　"段落"选项组"项目符号"按钮

单击下拉菜单，打开"项目符号库"对话框，如图 1-2-27 所示。

图 1-2-27　"项目符号库"对话框

例如给"活动流程"的文字插入项目符号，前后效果对比如图 1-2-28、图 1-2-29 所示。

活动流程

4月24日-5月25日
各班级小朋友准备好义卖商品，制作好价签和广告牌。
5月25日 8:20
以班级为单位摆放商品
5月25日 8:30
家长代表、幼儿代表、教师代表讲话
5月25日 8:40-10:00
买卖活动
5月25日 10:00-10:10
家长代表清点物资
5月25日 10:10-11:10
购买礼物捐赠给敬老院的老人们

图 1-2-28　插入项目符号前效果

活动流程

● 4月24日-5月25日
各班级小朋友准备好义卖商品，制作好价签和广告牌。
● 5月25日 8:20
以班级为单位摆放商品
● 5月25日 8:30
家长代表、幼儿代表、教师代表讲话
● 5月25日 8:40-10:00
买卖活动
● 5月25日 10:00-10:10
家长代表清点物资
● 5月25日 10:10-11:10
购买礼物捐赠给敬老院的老人们

图 1-2-29　插入项目符号后效果

添加其他样式的项目符号操作方法类似，如图 1-2-30 所示。

热门摊位

◇ 艺术作品摊：小朋友的艺术作品
◇ 文具用品：铅笔、水彩笔、绘画本、书籍等
◇ 用品杂货区：毛绒玩具、体育用品、球类、玩具等

图 1-2-30　插入项目符号

12. 插入编号

单击"开始"选项卡、"段落"选项组的"编号"按钮，实现对文本的标记和排版，使文档更有条理，层次结构更清晰，更方便阅读，如图 1-2-31 所示。

图 1-2-31　"段落"选项组"编号"按钮

单击下拉菜单，打开"编号库"对话框，如图 1-2-32 所示。

图 1-2-32　"编号库"对话框

例如给"活动前准备"的文字取消或插入编号效果如图 1-2-33、图 1-2-34 所示。

> **活动前准备**
>
> 制作广告牌
> 亲子共同制作独一无二的广告牌（注：大班小朋友用拼音制作宣传广告语）
> 可出售商品类别
> 饰品、玩具、图书、工具等
> 准备商品
> 准备好出售的商品并粘贴价签
> 准备好交易钱币
> 请备好1元、2元、5元、10元人民币方便幼儿交易

图 1-2-33　取消编号效果

> **活动前准备**
>
> 1．制作广告牌
> 亲子共同制作独一无二的广告牌（注：大班小朋友用拼音制作宣传广告语）
> 2．可出售商品类别
> 饰品、玩具、图书、工具等
> 3．准备商品
> 准备好出售的商品并粘贴价签
> 4．准备好交易钱币
> 请备好1元、2元、5元、10元人民币方便幼儿交易

图 1-2-34　插入编号效果

13. 插入特殊符号

单击"插入"选项卡、"符号"选项组的"符号"按钮，打开"符号"对话框，选择不同字体和不同的子集，插入特殊符号，如图 1-2-35 所示。

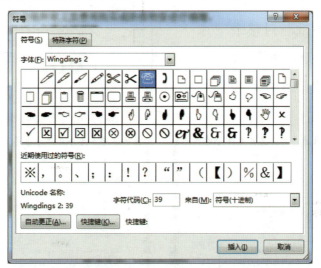

图 1-2-35　"符号"对话框

例如文中插入的特殊符号效果，如图 1-2-36 所示。

> **活动地址**
>
> 活动主题："爱心义卖•传递温暖"
> 活动地址：承德市双桥区红黄蓝幼儿园
> 活动时间：2022.5.25 AM8:30

图 1-2-36　插入特殊符号

【提示】在输入法的软键盘（图1-2-37），右键单击找到特殊字符。

14. 设置文字居中效果

将文中适合居中的文字设置居中效果。例如选中"关注我们 了解更多动态"，设置文字居中效果，如图1-2-38所示。

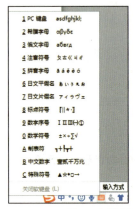

图1-2-37　输入法软键盘

关注我们
了解更多动态

图1-2-38　设置文字居中效果

15. 设置整篇文档页面边框

单击"开始"选项卡、"段落"选项组的"边框"按钮，或"设计"选项卡"页面背景"选项组的"页面边框"按钮，打开"边框和底纹"对话框，选择"页面边框"对整个文本的页面边框进行"艺术型"边框的设置，如图1-2-39、图1-2-40所示。

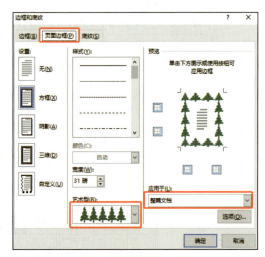

图1-2-39　设置整篇文档页面边框

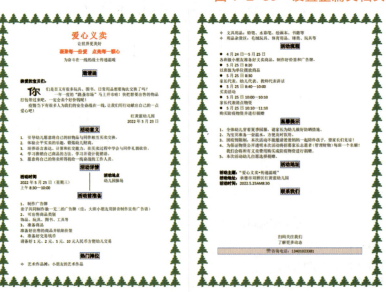

图1-2-40　策划排版爱心义卖文档效果

16. 保存文档

文档设置完成后，保存为策划排版爱心义卖活动 .docx。

 ## 任务评价

任务评价表

考核内容	考核标准	分值 100	学生自评 10%	组内互评 30%	组间互评 30%	教师评价 30%
精神面貌	课前准备足，课上精神佳，发言清亮，兴趣浓	10				
任务评价	合理设置首字下沉效果	12				
	合适设置分栏效果	12				
	添加边框和底纹效果	12				
	合理插入特殊符号效果	12				
	设置美观大方的字体和段落格式	12				
参与程度	学习时长持久，积极发现问题并清晰表达；善于倾听评价，思考创新；小组合作交流顺畅	10				
参与效果	学习品质坚实，自主习惯养成，问题意识敏锐，合作竞争共赢	10				
反思总结	拓展深入，笔记详尽，总结反思到位	10				

 ## 拓展训练

扫描二维码，并参考排版设计样式进行排版。

操作要求：

排版在一张 A4 纸上，其他设置参数不做具体要求，排版简单大方，重点突出，颜色设置合理。

任务3　制作学习页

任务描述

　　在幼儿园教小朋友学唐诗是幼儿老师必背的课程，要想教好小朋友，要求老师自己先要熟知古诗，理解古诗蕴含，才能声情并茂地给小朋友讲。通过学习制作唐诗欣赏学习页的过程，让学生对古诗理解更加透彻，更好地去教小朋友，完成制作唐诗学习页，效果如图1-3-1、图1-3-2所示。

图1-3-1　制作唐诗学习页效果（1）

排版要求

图1-3-2　制作唐诗学习页效果（2）

学习目标

1. 会使用分隔符，将不同的内容或段落分隔开来，使文档更加整洁、易读。
2. 会录入带拼音的文字。
3. 会插入图片及编辑图片。
4. 能够进行图文混排，结合图片和文字的优势，能提高信息的传达效率，增强记忆效果。
5. 培养学生自主探究和小组合作学习的习惯。
6. 培养学生综合分析和规范排版的能力。
7. 树立学生正确的审美观和整体观。

技术分析

➤ 通过"布局"选项卡、"页面设置"选项组的"分隔符"按钮，实现灵活地控制文档的布局和排版，使其更加美观、整洁和易于阅读。

➤ 通过"开始"选项卡、"字体"选项组的"拼音指南"按钮，可以实现选中文字添加拼音的功能，帮助学生或者不熟悉中文拼音的人方便地阅读和理解中文内容。

➤ 选中图片，通过图片工具"图片格式"选项卡、"排列"选项组的"文字环绕"按钮，可以将文字环绕在图片周围，实现图文混排的效果，增加文档的可读性和美观度。同时也方便在图片中添加标注或解释文本，提高文档的实用性。

➤ 通过"插入"选项卡、"页眉页脚"选项组的"页眉""页脚"下拉列表，可以方便地插入页码，方便文档的阅读和检索。同时，也可以通过页眉和页脚添加其他相关内容。

➤ 通过"插入"选项卡、"插图"选项组的"图片"按钮，插入图片，通过编辑和调整图片的大小、位置、颜色等属性，实现更加丰富的排版效果。

学习准备

（1）扫码观看微课进行预习。
（2）扫码自学课前知识准备。
（3）扫码完成中工作页的引导问题。

微课　　　知识准备　　　工作页

任务实施

（1）打开 Word 2016 软件，双击桌面"Word 2016"快捷图标，即可打开并新建一个 Word 2016 文档。设置页面为默认 A4 纸，纵向，无网络。

（2）录入或从网上搜集十首古诗文字及译文，如图 1-3-3 所示。

操作演示

图 1-3-3　古诗基本信息

（3）选择 10 首古诗，除古诗译文外，单击"段落"选项组的"居中"按钮或按快捷键〈Ctrl+E〉，使文字居中，也可打开"段落"对话框，选择"对齐方式：居中"，如图 1-3-4 所示。

（4）单击"开始"选项卡、"字体"选项组，打开"字体"对话框，将各首古诗的标题按统一标准设置字体和字号，例如"早发白帝城"字体设置为"华文行楷"，字号设置为"一号"，加粗效果，如图 1-3-5 所示。

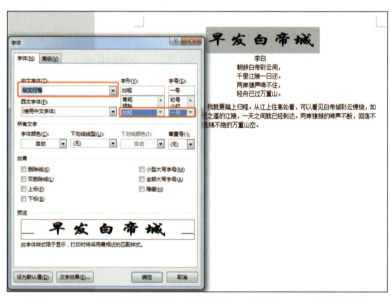

图 1-3-4　"段落"对话框居中效果　　图 1-3-5　利用"字体"对话框按一定标准设置字体格式

（5）单击"开始"选项卡、"字体"选项组，直接选择"字体"和"字号"的下拉按钮，对 10 首古诗作者的字体和字号设置统一标准，例如设置为"华文行楷"，字号设置为"小二"，如图 1-3-6 所示。

（6）打开"字体"对话框，将四句古诗设置为

图 1-3-6　"字体"选项组

"华文行楷"，字号设置为"二号"，利用格式刷功能刷出其他古诗部分的字体格式，如图1-3-7所示。

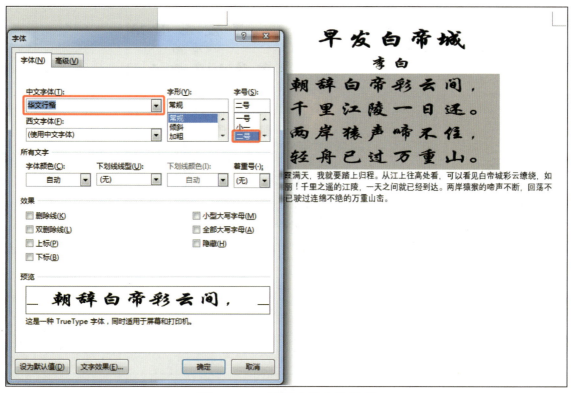

图 1-3-7　设置古诗字体格式

（7）选择古诗译文，单击"开始"选项卡、"字体"选项组，将字体设置为"华文仿宋"，字号设置为"小二"，如图1-3-8所示。

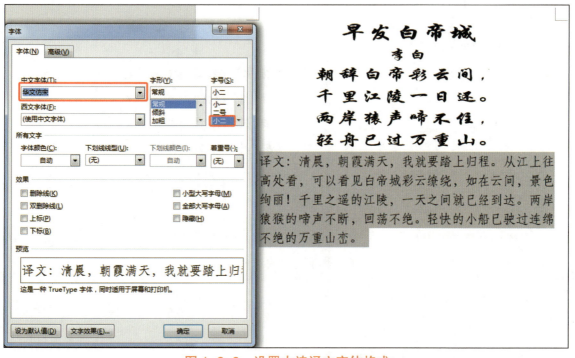

图 1-3-8　设置古诗译文字体格式

（8）选择古诗译文，单击"开始"选项卡的"段落"选项组，打开"段落"对话框，设置为首行缩进2字符，如图1-3-9所示。

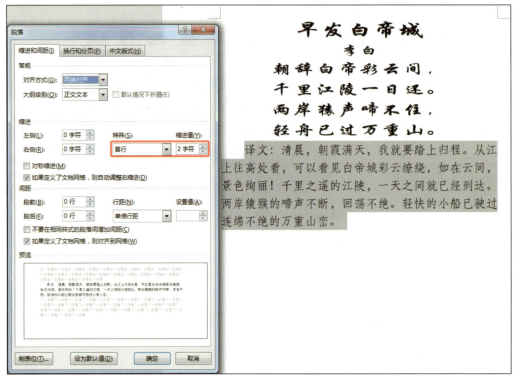

图1-3-9　古诗译文首行缩进2字符效果

（9）选中从古诗标题到古诗译文的所有文字，单击"开始"选项卡的"段落"选项组，打开"段落"对话框，设置行距为1.2倍行距，如图1-3-10所示。

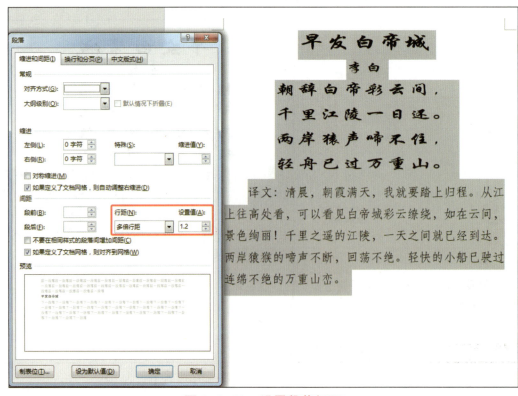

图1-3-10　设置段落行距

（10）选择古诗译文，单击"开始"选项卡的"段落"选项组，打开"段落"对话框，设置间距：段前 0.5 行，段后 0.5 行，如图 1-3-11 所示。

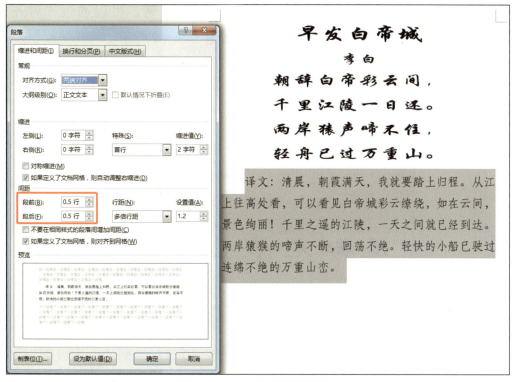

图 1-3-11　设置段落间距

（11）单击"插入"选项卡、"插图"选项组的"图片"按钮，插入相应古诗配图，如图 1-3-12 所示。

图 1-3-12　插入图片

（12）双击图片，可以在"图片格式"选项卡、"图片样式"选项组的"快速样式"按钮中更改图片样式和效果，如图 1-3-13 所示。

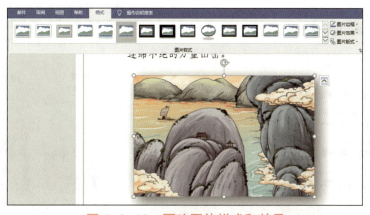

图 1-3-13　更改图片样式和效果

（13）选择除古诗标题外的文字，单击"字体"选项组的"拼音指南"按钮，即可加注拼音。

（14）将拼音字体设置为"华文楷体"，字号设置为 10 磅，可以通过"对齐方式"和"偏移量"的设置，调整拼音与文字之间的距离，如图 1-3-14 所示。

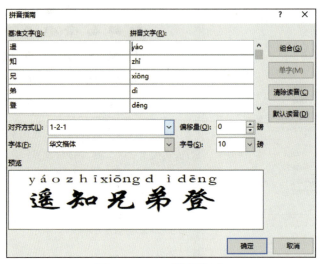

图 1-3-14　拼音指南

（15）设置"早发白帝城"五个字为标题格式 AaBbc，段落对话框的大纲级别为 1 级，字体设置为"华文行楷"，字号设置为"一号"，加粗、居中，段前、段后设置为 0，行距为 1.5 倍行距，利用格式刷，将其他古诗标题设置统一格式，如图 1-3-15 所示。

（16）调整页面显示比例，参考值为 69%，多页显示古诗内容，适当调整图片大小，使一首古诗在一页的范围内，如图 1-3-16 所示。

图 1-3-15　设置标题　　　　　　　　　图 1-3-16　一页古诗效果

【提示】10首诗的排版标准自己设定，但遵循主次鲜明，基本古诗的标题、正文和作者文字字号依次减小的原则，图片大小要适中，不能占一半页面，要合理与文字搭配。10首古诗适当调整各个局部效果，保证每首古诗排版效果在一页上。

（17）将光标放到第一首诗"早发白帝城"前面，按〈Ctrl+Enter〉组合键插入一页，简单制作唐诗欣赏学习页封面。

【提示】制作唐诗学习页封面可在第1步录入唐诗文字时先制作。

（18）在封面页录入"唐诗欣赏"标题后选择标题"唐诗欣赏"，单击"开始"选项卡、"字体"选项组，将字体设置为"华文行楷"，字号设置为"72号"，加粗，字符间距为加宽，磅值为5磅。

（19）在标题下插入图片，设置合适的图片大小和图片效果。

（20）录入作者和班级信息，选择作者及班级后，单击"开始"选项卡、"字体"选项组，将字体设置为"华文楷体"，字号设置为"一号"，加粗效果。封面最终效果如图1-3-17所示。

制作者：×××

班　级：××××

图 1-3-17　制作唐诗学习页封面

在唐诗学习页封面的"班级：××××"文字后，按〈Ctrl+Enter〉组合键插入一页，目的是在这一页制作目录页。将光标放到"早发白帝城"文字前，单击"布局"选项卡、"页面设置"选项组的"分隔符"按钮，单击下拉列表选择分页符下一页。"布局"选项卡、"页面设置"选项组的"分隔符"如图1-3-18所示。

图 1-3-18　"页面设置"选项组的"分隔符"

将光标放在"早发白帝城"这首古诗页上,单击"插入"选项卡、"页眉和页脚"选项组的"页码"按钮,选择设置页码格式,起始页码为1,如图1-3-19所示。

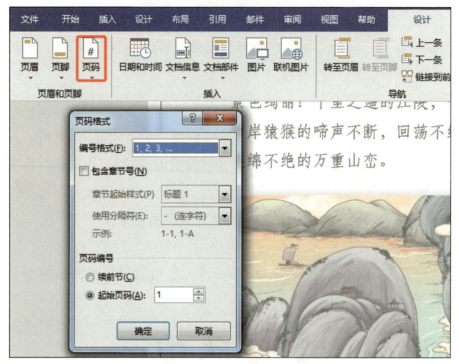

图1-3-19　设置页码起始页

再选择插入页码—页面底端,选择普通数字2,插入页码,如图1-3-20所示。

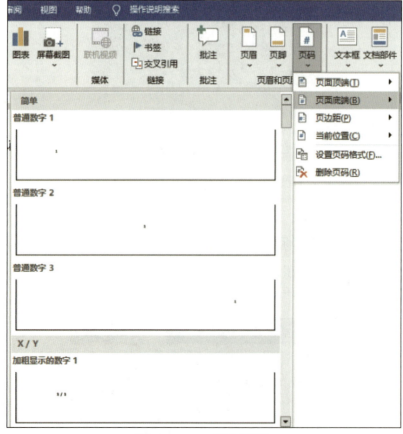

图1-3-20　插入页码

（21）在"页眉页脚"选项卡的"导航"选项组，单击"链接到前一节"，断开与上一节的链接，如图1-3-21所示。

图1-3-21　断开与上一节的链接

（22）光标放到此处（也就是要制作目录的这页），删除标为"1"的页码，关闭页眉页脚，取消了文档前2页标页码的效果，从第3页开始标页码"1"，如图1-3-22、图1-3-23所示。

图1-3-22　取消文档前2页标的页码

图1-3-23　从第3页开始标页码"1"

（23）单击"插入"选项卡、"页眉和页脚"选项组的"页眉"按钮，插入页眉。页眉为"唐诗学习页"，单击"开始"选项卡、"字体"选项组，字体设置为"宋体"，字号为"五号"。单击"段落"选项组的"右对齐"按钮，使文字居右，效果如图1-3-24所示。

图1-3-24　插入页眉

（24）将光标放到要制作目录那一页，单击"引用"选项卡的"目录"选项组、"目录"按钮下拉菜单，选择"自动目录1"生成目录，如图1-3-25所示。

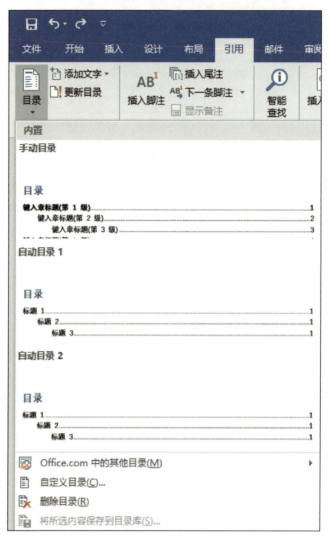

图1-3-25　生成目录

调整生成的目录字体格式："目录"两个字的字体设置为"黑体"，字号为"二号"，颜色为黑色，居中效果；目录字体设置为"华文行楷"，字号为"小三号"，如图1-3-26所示。

目录

早发白帝城 1

九月九日忆山东兄弟 2

静夜思 3

悯农 3

访隐者不遇 4

春晓 5

小池 6

塞下曲 8

登鹳雀楼 9

剑门道中遇微雨 10

图1-3-26　设置目录效果

（25）文档保存为"制作唐诗学习页.docx"。

任务评价

任务评价表

考核内容	考核标准	分值 100	学生自评 10%	组内互评 30%	组间互评 30%	教师评价 30%
精神面貌	课前准备足，课上精神佳，发言清亮，兴趣浓	10				
任务评价	灵活编辑文字段落效果	12				
	灵活编辑图片	12				
	添加拼音效果	12				
	设置页眉页脚	12				
	正确制作目录	12				
参与程度	学习时长持久，积极发现问题并清晰表达；善于倾听评价，思考创新；小组合作交流顺畅	10				
参与效果	学习品质坚实，自主习惯养成，问题意识敏锐，合作竞争共赢	10				
反思总结	拓展深入，笔记详尽，总结反思到位	10				

拓展训练

扫描二维码，下载元旦晚会策划案（原文），并参考操作要求排版。

操作要求：

（1）标题字体字号要求：

标题（二号宋体加粗，居中）。

——副标题（三号宋体；如有副标题，按此格式）。

（空1行）

一级标题（三号黑体）。

二级标题（三号楷体 GB_2312）。

（2）正文字体字号要求：

正文（三号仿宋 GB_2312）。

（3）页面设置：

无文档网格，左右页边距 2.8 cm，上下页边距 2.5 cm；正文行间距 28 磅。

（4）制作元旦晚会策划案的封面，体现主题。

（5）生成二级目录。

元旦晚会策划案（原文）

任务4　制作生日贺卡

任务描述

　　学前教育系的实习生在幼儿园实习期间，做了一件很有意义的事：为即将过生日的小朋友送去了一件礼物（自己用所学的知识制作的生日贺卡）。

　　晚饭过后，实习学生查看幼儿情况登记表发现，明天是小欧小朋友的生日，作为老师，想给小朋友准备礼物，但时间紧，已经是晚上了，准备什么礼物好呢？想了一会儿，打开办公桌上的电脑，打开 Word 软件，设计了一个精美的生日贺卡，第二天送给过生日的小朋友。小朋友收到老师的礼物，特别惊喜。制作的生日贺卡效果如图 1-4-1 所示。

图 1-4-1　制作的生日贺卡效果

学习目标
排版要求

　　1.会图片美化的各项技能，使普通图片转化为引人入胜的视觉作品。

　　2.会使用文本框、艺术字和形状效果，以增强文档的视觉效果。

　　3.会灵活调整各插入元素的叠放次序，使得文档整体美观和信息清晰传达。

4. 能够进行图文混排，合理安排图片和文字的位置、大小和比例，以及调整它们的对齐方式和间距。

5. 培养学生自主探究和小组合作学习的习惯、团队合作精神和沟通能力。

6. 培养学生创新能力和规范排版的能力，使得文档整洁、清晰和易读。

7. 树立学生正确的审美观，了解什么是美、如何欣赏美以及如何在自己的作品中体现美，培养独特的审美眼光和创造力。

 ## 技术分析

➢ 通过"插入"选项卡、"文本"选项组的"文本框"按钮，可以对文本的显示位置和大小进行灵活的控制，实现灵活地处理文档中的文本内容。

➢ 通过"插入"选项卡、"文本"选项组的"艺术字"按钮，可以增强文档的视觉效果，吸引读者的注意力，并提升文档的专业性和美观度。

➢ 通过"图片格式"选项卡、"调整""图片样式""排列""大小"选项组的按钮，对图片进行编辑美化操作，增强文档的视觉效果，更好地表达内容，增强文档的专业性，吸引读者的注意力，增加阅读文档的兴趣和参与度。

➢ 通过"插入"选项卡的"插图"选项组的"形状"按钮，可以在文档中插入各种预设的形状，包括基本图形、箭头、流程图等，实现更好地表达信息和传递想法、增加文档的视觉效果和可读性的目的。

学习准备

（1）扫码观看微课进行预习。

（2）扫码自学课前知识准备。

（3）扫码完成工作页的引导问题。

微课　　　　知识准备　　　工作页

任务实施

（1）打开 Word 2016 软件，双击桌面"Word 2016"快捷图标，即可打开并新建一个 Word 2016 文档。

（2）在"布局"选项卡、"页面设置"选项组，进行页面设置：纸张为 A4 纸，纸张方向为横向。

操作演示

（3）单击"插入"选项卡、插图选项组的"图片"按钮，插入背景图 .jpg 素材，如图 1-4-2 所示。

图 1-4-2　插入背景图

（4）插入背景图。双击背景图片，在图片工具"图片格式"选项卡、"排列"选项组的"文字环绕"按钮的下拉菜单选择四周型环绕，或在"排列"选项组的"位置"按钮的下拉菜单选择四周型环绕（除嵌入型，其他类型可试一试，其作用和功能略有不同），或打开"布局"对话框设置环绕方式，针对图片，适当调整大小，满足作为背景的需要，如图1-4-3 所示。

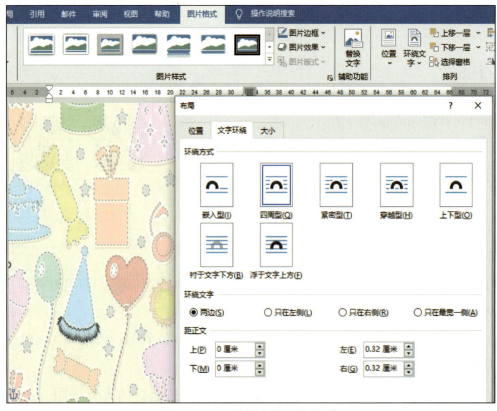

图 1-4-3　设置文字环绕方式

（5）将背景图 .jpg 复制一份，调整位置，整合成一张背景图效果，如图 1-4-4 所示。

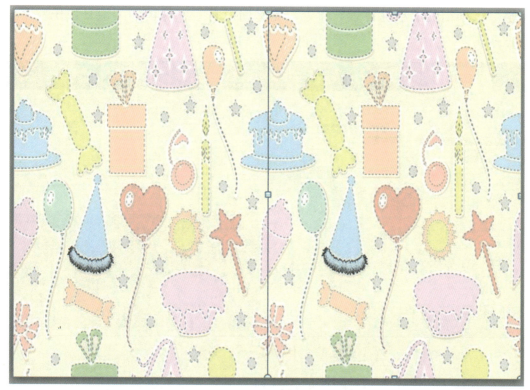

图 1-4-4　制作背景图

（6）插入生日快乐 .jpg 图片。插入图片后发现图片在背景图之下（当前光标位置插入图片时默认是嵌入型，即光标在哪就在哪个位置插图），适当拖动背景图，找到"生日快乐"的图片，将其环绕方式改为四周型环绕，如图 1-4-5 所示。

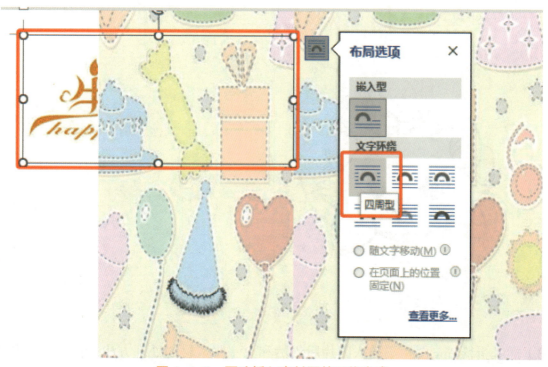

图 1-4-5　更改插入素材图的环绕方式

对"生日快乐"素材图片进行调整，删除白色背景，双击图片，单击"图片格式"选项卡中"调整"选项组的"删除背景"命令，删除白色背景，保留下"生日快乐"字样，如图1-4-6所示。

图 1-4-6　删除图片背景

（7）插入小猫 .jpg 图片。插入图片后仍然和上一张素材的处理方法一样，对图片进行环绕方式的调整，同时删除深蓝色的背景，如图1-4-7所示。

图 1-4-7　处理"小猫"素材图

（8）插入蛋糕 .jpg 图片。插入图片后仍然和上一张素材的处理方法一样，对图片进行环绕方式的调整，同时删除白色的背景，如图1-4-8所示。

图 1-4-8　处理"蛋糕"素材图

（9）插入猫咪 .jpg 图片。

使用上述同样方法删除粉色背景，如图 1-4-9 所示。

注意调整各素材图片的叠放次序。操作方法：或右键单击图片，在快捷菜单中选择"置于顶层"或"置于底层"选项，在级联菜单中选择"上移一层"或"下移一层"调整图片的叠放次序，如图 1-4-10~ 图 1-4-12 所示。

图 1-4-9　处理"猫咪"素材图

图 1-4-10　调整叠放次序

图 1-4-11　上移一层

图 1-4-12　下移一层

（10）插入艺术字效果。

单击"插入"选项卡、"文本"选项组的"艺术字"按钮，选择合适的艺术字样式，输

入内容进行艺术字设计，插入艺术字，如图 1-4-13 所示。

图 1-4-13　插入艺术字

选中艺术字，右键单击鼠标，选择"编辑文字"，打开"编辑艺术字文字"对话框，可对艺术字的字体、字号、加粗、倾斜等效果进行设置，如图 1-4-14 所示。

（11）插入文本框。

单击"插入"选项卡、"文本"选项组的"文本框"，从弹出的下拉列表中选择一种文本框样式，快速绘制文本框，或选择"绘制横排文本框"按钮，在任意位置绘制文本框，如图 1-4-15 所示。

图 1-4-14　编辑艺术字

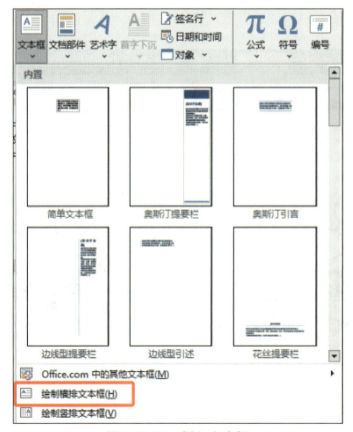

图 1-4-15　插入文本框

选中文本框的文字设置：宋体、小初号、加粗、颜色为"橙色，个性色6，深色25%，段落设置"行距40磅，文本居中"，如图1-4-16所示。

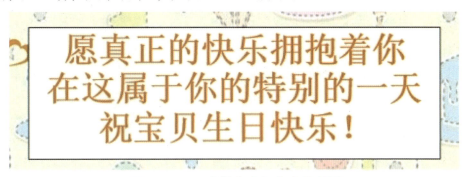

图1-4-16　设置文本框内文字效果

（12）编辑文本框。插入的文本框默认白色背景、黑色边框线效果，需要对文本框进行编辑，双击文本框的外侧线框，将文本框工具"文本框"选项卡、"文本框样式"选项组的"形状填充"和"形状轮廓"，分别设置为无颜色填充、无轮廓，如图1-4-17、图1-4-18所示。

图1-4-17　编辑文本框

图1-4-18　插入文本框效果

（13）插入形状，利用形状制作一朵小花。

单击"插入"选项卡、"插图"选项组的"形状"下拉列表，插入"流程图"中的"延期"形状，如1-4-19所示。

（14）编辑"延期"形状，绘制花瓣效果。

选中"延期"形状，在绘图工具的"格式"选项卡的"形状样式"选项组"形状填充"中设置填充颜色为红色，设置"形状轮廓"为无轮廓，按住〈Ctrl〉键可以用鼠标拖动的方式复制出另外3个形状，通过调整旋转柄调整4个形状的位置，如1-4-20所示。

（15）插入"椭圆"形状，绘制花心效果。

单击"插入"选项卡、"插图"选项组的"形状"的下拉菜单，插入"基本形状"中的"椭圆"形状，按住〈Shift〉键画一个正圆，设置填充颜色为"橙色，个性色6"，轮廓设置为无轮廓，并调整正圆的大小和位置制作花心效果，如图1-4-21所示。

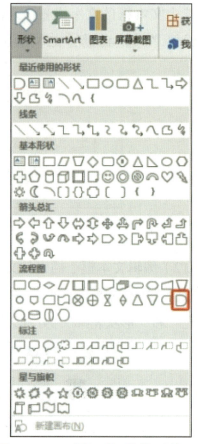

图1-4-19　插入"延期"形状

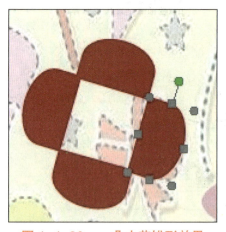

图1-4-20　一朵小花雏形效果

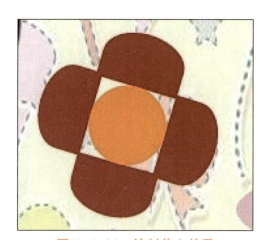

图1-4-21　绘制花心效果

（16）插入"等腰三角形"形状，绘制花茎效果。

同样方法插入"等腰三角形"形状，设置填充颜色为"橄榄色，个性色3"，深色50%，轮廓设置为无轮廓，并调整大小和位置制作花茎效果，如图1-4-22所示。

图 1-4-22　绘制花茎效果

（17）插入"椭圆"形状，绘制花叶效果。

操作方法同上，绘制出椭圆形状，设置形状的填充颜色和轮廓，接下来通过绘图工具的"格式"选项卡、"排列"选项组的"旋转"下拉列表适当调整形状的位置，如图 1-4-23 所示。绘制花叶效果如图 1-4-24 所示。

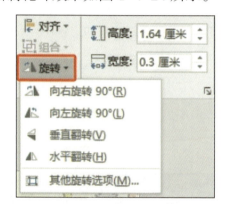

图 1-4-23　"排列"选项组"旋转"按钮

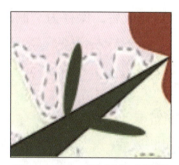

图 1-4-24　绘制花叶效果

（18）按住〈Shift〉键，鼠标单击分别选择绘制的形状，再单击右键，选择"组合"命令，将所有的形状组合在一起，并整体调整花朵的大小和位置，放置到合适的位置上，如图 1-4-25 所示。

图 1-4-25　组合形状

复制出多朵花朵，简单装饰一下贺卡，制作生日贺卡最终效果如图1-4-26所示。

图1-4-26 制作生日贺卡最终效果

（19）保存文档。

文档设置完成后，保存为"制作生日贺卡.docx"。

 任务评价

任务评价表

考核内容	考核标准	分值 100	学生自评 10%	组内互评 30%	组间互评 30%	教师评价 30%
精神面貌	课前准备足，课上精神佳，发言清晰，兴趣浓	10				
任务评价	插入文本框和艺术字	12				
	插入形状	12				
	灵活编辑图片	12				
	图文混排效果	12				
	插入元素的叠放次序	12				
参与程度	学习时长持久，积极发现问题并清晰表达；善于倾听评价，思考创新；小组合作交流顺畅	10				
参与效果	学习品质坚实，自主习惯养成，问题意识敏锐，合作竞争共赢	10				
反思总结	拓展深入，笔记详尽，总结反思到位	10				

拓展训练

设计一本有意义的书的封面（图1-4-27），并参考操作要求排版。

操作要求：

（1）选定书名后，上网搜集相关素材。

（2）纸张设置为A4纸，纵向。

（3）设计版面布局，插入文本框、艺术字、图片等元素。

（4）有图文混排效果。

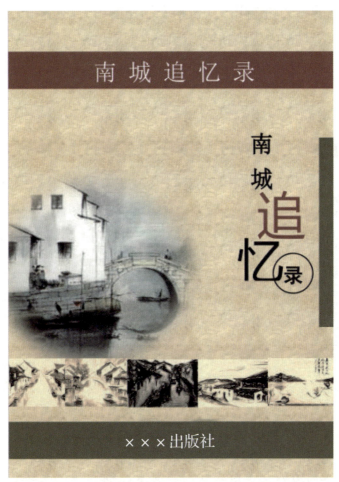

图1-4-27　参考效果

任务5　制作个人简历

任务描述

　　大家在毕业时都要经历一次重要的面试，而简历是一份重要的自我介绍和展示文件，对于求职者来说具有深远的意义和作用。一份精心制作的个人简历，可以有效地向他人展示自己的实力和适应能力，将自己的优势和特点清晰地呈现出来，提高求职成功的机会，同时也能够为自己的职业生涯规划和发展奠定基础。"个人简历"文档排版效果如图1-5-1所示。

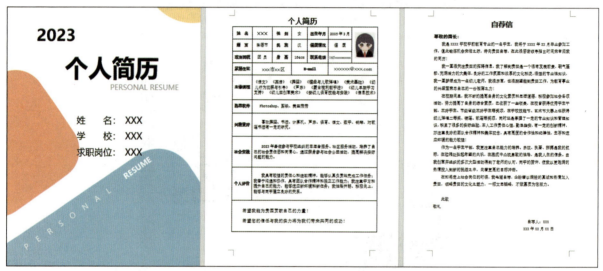

图1-5-1　"个人简历"文档排版效果

学习目标

排版要求

　　1.让学生了解个人简历的基本格式和内容要求，确保学生能够理解并应用标准的简历格式。

　　2.会制作各种表格，掌握表格的制作技巧，包括插入表格、调整行列、设置边框和填充颜色等。

　　3.对各种复杂表格进行编辑，具有处理复杂表格的能力。

　　4.培养学生独立制作出内容完整、格式规范的个人简历的能力。

　　5.引导学生认识到个人简历在求职中的重要性，增强学生的自我推销意识。

　　6.增强数字意识和提升语言表达能力，能够更加精准地传达个人信息和优势。

 **技术分析**

➤ 通过"插入"选项卡的"表格"选项组的"插入表格"下拉列表，根据表格实际，合理设置行列数，实现插入表格操作。

➤ 通过"插入"选项卡的"表格"选项组的"绘制表格"按钮，实现拖动鼠标绘制出想要的表格边框和行、列，实现绘制表格。

➤ 通过单击表格或单元格后，使用表格工具的"布局"选项卡、"合并"选项组中的"合并单元格"或者"拆分单元格"命令，实现对单元格的合并或拆分操作。

➤ 通过单击表格或单元格后，在表格工具的"布局"选项卡，对单元格大小、对齐方式进行设计，让表格和文字更协调。

➤ 通过单击表格或单元格后，在表格工具的"表设计"选项卡，实现对表格样式和表格底纹的设计。

 **学习准备**

（1）扫码观看微课进行预习。

（2）扫码自学课前知识准备。

（3）扫码完成工作页的引导问题。

微课　　　　知识准备　　　工作页

任务实施

（1）双击桌面 Word 2016 的快捷图标，即可打开并新建一个 Word 2016 文档。

（2）单击"插入"选项卡、"插图"选项组"图片"按钮，插入素材 1 的图片，如图 1-5-2 所示。

操作演示

图 1-5-2　插入图片

【提示】在插入素材 1 图片之前，在光标闪动的位置按两次〈Enter〉键，然后回到第一个光标的位置插入图片，为后续做第 2 页和第 3 页的内容做铺垫。也可以通过"插入"选项卡、"页面"选项组的"分页"按钮实现分页操作。

（3）选中此图片，调整图片的环绕方式可参考为四周型，在页面上的位置固定。整体调整图片大小，铺满整张页面作为背景图，如图1-5-3所示。

图1-5-3　调整图片的环绕方式

（4）单击"插入"选项卡、"文本"选项组"文本框"的下拉列表，选择"绘制横排文本框"，输入个人简历，设置字体为"微软雅黑"，字号为"72号"，加粗效果，如图1-5-4所示。

图1-5-4　插图文本框

（5）双击文本框的外框线，在绘图工具"形状格式"选项卡中"形状样式"选项组的"形状填充""形状轮廓"，设置"形状填充"为无填充、"形状轮廓"为无轮廓，如图1-5-5所示。

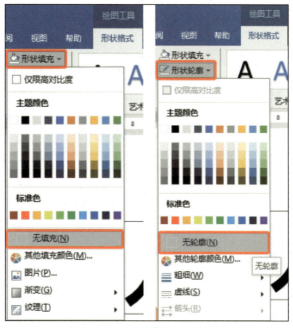

图 1-5-5　设置文本框格式

（6）按上述方法制作其他文字效果，如图 1-5-6 所示。

（7）将英文"PERSONAL RESUME"字体设置为微软雅黑，颜色设置为深色 35%，英文"PERSONAL"和"RESUME"字体设置为微软雅黑、二号，颜色设置为白色，按照图形弧度适当调整文本框的角度，如图 1-5-7 所示。

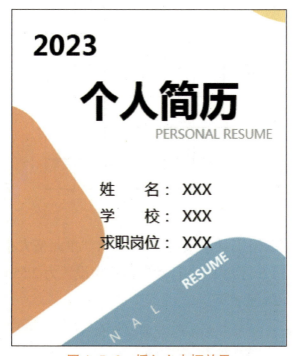

图 1-5-6　插入文本框效果

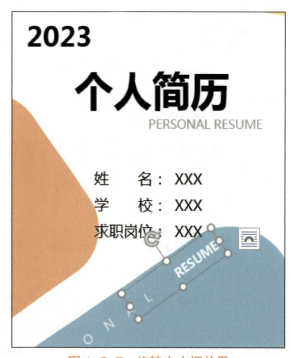

图 1-5-7　旋转文本框效果

（8）在第 2 页光标闪动的位置输入标题"个人简历"，单击"开始"选项卡、"字体"选项组，将字体设置为微软雅黑，字号为二号，单击"段落"选项组，选择"居中"按钮，使其居中，效果如图 1-5-8 所示。

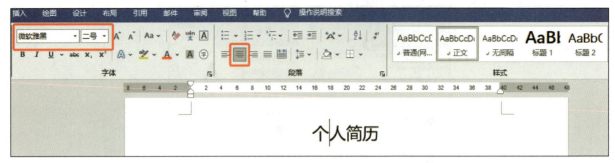

图 1-5-8　设置标题"个人简历"格式

（9）单击"插入"选项卡、"表格"选项组的"表格"下拉列表，选择"插入表格"列数 7 列、行数 10 行，同时选择"固定列宽　自动"，如图 1-5-9 所示。

（10）将鼠标移动到表格的右下角，选择拖动控制柄，可先将表格调整到一页 A4 纸上，如图 1-5-10 所示。

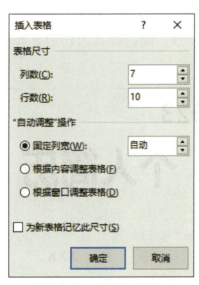

图 1-5-9　插入表格

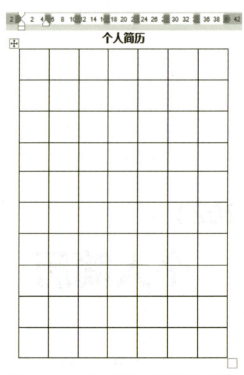

图 1-5-10　在一页 A4 纸上插入表格

（11）用鼠标拖动选中第 1 至 4 行，通过调整表格工具"布局"选项卡、"单元格大小"选项组的高度来调整行高，参考值为 1.24 厘米，第 5 行到第 10 行参考值依次设置为 2.55 厘米、1.4 厘米、2.44 厘米、3.21 厘米、3.5 厘米、3.23 厘米。

【提示】此表行高和列宽的数值仅做参考，大家可根据内容适当调整数值。

（12）通过鼠标拖动选中表格内想要合并在一起的单元格，在表格工具"布局"选项卡的"合并"选项组中选择"合并单元格"，实现合并单元格的效果。同理可通过拆分单元格，将一个单元格拆分为几行几列，保证调整后的表格仍然在一页 A4 纸上，如图 1-5-11所示。

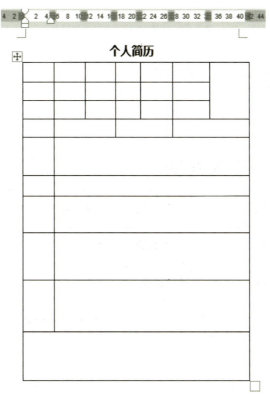

图 1-5-11　调整后表格仍在一页 A4 纸上

（13）根据表格设计，输入对应的文字信息。选择整个表格，将表格的文字字体统一设置为宋体、小四号，如图 1-5-12 所示。

个人简历

姓　名	×××	性　别	女	出生年月	2005 年 3 月	
籍　贯	×××市	民　族	汉	健康情况	健　康	
政治面貌	团　员	身　高	164cm	联系电话	165××××××××	
家庭住址	×××市××区	E-mail		×××××@×××.com		
主修课程	《语文》《英语》《舞蹈》《键盘与儿歌弹唱》《美术基础》《幼儿行为观察与引导》《声乐》《蒙台梭利教学法》《幼儿早期学习支持》《幼儿园创意美术》《婴幼儿保育技能与实践》《信息技术》					
熟悉软件	Photoshop、剪映、美图秀秀					
兴趣爱好	喜欢舞蹈、书法、计算机、声乐、保育、语文、数学、钢琴，对软笔书法有一定的研究					

图 1-5-12　输入文字信息效果

（14）通过表格工具"布局"选项卡的"对齐方式"选项组的各种对齐方式按钮，调整文字在单元格中的位置，参考设置水平居中（文字在单元格内水平和垂直都居中）。根据文字内容多少适当调整列宽，突出显示的字段可设置加粗效果，如图 1-5-13 所示。

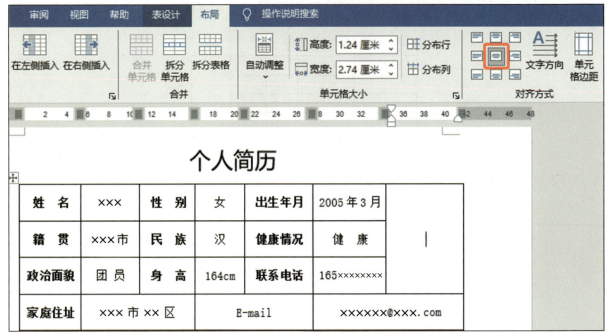

图 1-5-13　设置单元格文字对齐方式

（15）通过"开始"选项卡的"段落"选项组，打开段落对话框中对应选项和数值的设置，实现段落效果，如图1-5-14、图1-5-15所示。

个人评价	我具有较强的责任心和进取精神，能够认真负责地完成工作任务；我善于沟通和协作，具有团队合作精神和独立工作能力；我注重学习和提升自己的能力，能够适应新环境和新任务；我性格开朗、积极向上，能够与同学建立良好的关系

图 1-5-14　设置前单元格文字对齐方式和段落格式效果

个人评价	我具有较强的责任心和进取精神，能够认真负责地完成工作任务；我善于沟通和协作，具有团队合作精神和独立工作能力；我注重学习和提升自己的能力，能够适应新环境和新任务；我性格开朗、积极向上，能够与同学建立良好的关系

图 1-5-15　设置后单元格文字对齐方式和段落格式效果

（16）单击表格内要插入照片的单元格，插入图片，如图1-5-16所示。

图 1-5-16　插入图片效果

（17）单击"开始"选项卡、"段落"选项组的"边框"的下拉列表，选择打开"边框和底纹"对话框，设置边框，选择"方框"，宽度2.25磅，应用于表格，如图1-5-17、图1-5-18所示。

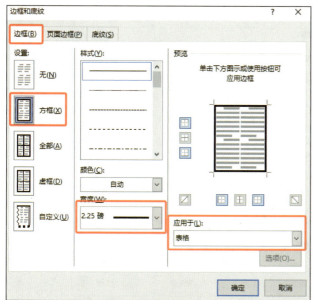

图1-5-17　给表格加边框

个人简历

姓　名	×××	性　别	女	出生年月	2005年3月	
籍　贯	×××市	民　族	汉	健康情况	健　康	
政治面貌	团员	身　高	164cm	联系电话	165××××××××	
家庭住址	×××市××区			E-mail	××××××@×××.com	
主修课程	《语文》《英语》《舞蹈》《键盘与儿歌弹唱》《美术基础》《幼儿行为观察与引导》《声乐》《蒙台梭利教学法》《幼儿早期学习支持》《幼儿园创意美术》《婴幼儿保育技能与实践》《信息技术》					
熟悉软件	Photoshop、剪映、美图秀秀					
兴趣爱好	喜欢舞蹈、书法、计算机、声乐、保育、语文、数学、钢琴，对软笔书法有一定的研究。					
社会实践	2023年暑假参与学校组织的志愿者服务、社区服务活动，培养了自己的社会责任感和同情心，通过亲身参与社会公益活动，提高解决实际问题的能力。					

图1-5-18　表格部分效果图

（18）将课前整理出的自荐信文稿粘贴到第3页，如图1-5-19所示。

自荐信
尊敬的园长：
我是××××学校学前教育专业的一名学生，我将于××××年××月毕业参加工作，值此锻炼机会来临之际，特向贵园自荐，在此很感谢领导抽出时间来审阅我的简历！
我一直很关注贵园的招聘信息，我了解到贵园是一个很有发展前景，朝气蓬勃，充满活力的大集体，良好的工作氛围和浓厚的文化积淀，很强的专业性知识，我一直梦想成为一名幼儿老师，我很乐意，也很期望能到贵园工作，为教育事业的兴盛繁荣尽自己的一份微薄之力！
在校期间里，我不断的提高自身的文化素质和思想道德，积极参加社会各项活动，努力提高了自身的综合素质，已收获了一些硕果，在校曾获得优秀学生干部，三好学生、市级省级三好学生等奖项，在学校技能节、艺术节大赛上也获得幼儿弹唱二等奖、硬笔、软笔等奖项，同时还是掌握了一定的专业知识和管理知识，积累了很多的实际经验，本人工作责任心强，勤恳踏实，有一定的创新精神，亦注重良好的团队合作精神和集体观念，具有高度的合作性和纪律性，生存和适应环境的能力较强！
作为一名学生干部，我更注重自己能力的培养。乐观、执著、拼搏是我的航标，在险滩处扯起希望的风帆，在激流中凸现勇敢的性格，是我人生的信条。由我创意并组织的多次大型活动得到了老师的认可，同学的赞许，使我以更饱满的热情投入到新的挑战之中，向着更高的目标冲击。
在即将走上社会岗位的时候，我毛遂自荐，企盼着以满腔的真诚和热情加入贵园，领略贵园的文化之魅力，一倾文思韬略，才赋禀质为您效力。

此致
敬礼

自荐人：×××
××××年××月××日

图1-5-19　粘贴文稿

（19）选择标题"自荐信"，单击"开始"选项卡、"字体"选项组，设置字体为"微软雅黑"，字号设置为"二号"，对齐方式为居中。选择"尊敬的园长："，单击"开始"选项卡、"字体"选项组，设置字体为"宋体"，字号设置为"四号"，加粗，如图1-5-20所示。

自荐信

尊敬的园长：

图 1-5-20 设置字体格式

（20）选择正文，单击"开始"选项卡、"字体"选项组，设置字体为"宋体"，字号设置为"小四"。单击"开始"选项卡、"段落"选项组，打开段落对话框，设置首行缩进 2 字符，行距"固定值 22 磅"，如图 1-5-21 所示。

（21）按正规格式调整"此致敬礼"段落格式，自荐人和日期的段落格式，如图 1-5-22 所示。

图 1-5-21 设置段落效果

图 1-5-22 调整段落效果

制作的个人简历主要由简历封面、个人简历信息和自荐信三部分组成，在文档制作的过程中养成随制作文件随保存的习惯。制作个人简历最终效果如图 1-5-23 所示。

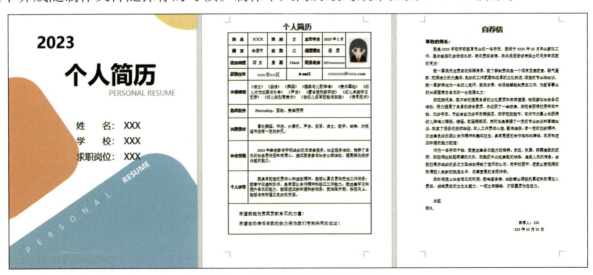

图 1-5-23 个人简历最终效果

（22）文档制作完成后，保存为"制作个人简历 .docx"。

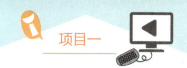

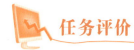

任务评价

任务评价表

考核内容	考核标准	分值 100	学生自评 10%	组内互评 30%	组间互评 30%	教师评价 30%
精神面貌	课前准备足，课上精神佳，发言清亮，兴趣浓	10				
任务评价	合理设置页面	12				
	封面设计美观大方	12				
	简历表格设计合理	12				
	自荐信内容简明扼要 文章排版美观大方	12				
	个人简历整体结构合理	12				
参与程度	学习时长持久，积极发现问题并清晰表达；善于倾听评价，思考创新；小组合作交流顺畅	10				
参与效果	学习品质坚实，自主习惯养成，问题意识敏锐，合作竞争共赢	10				
反思总结	拓展深入，笔记详尽，总结反思到位	10				

拓展训练

学生基本情况登记表操作要求：

（1）页面设置为 A4 纸，页边距上、下、左、右各 2 厘米。

（2）标题宋体，小二号字，加粗效果；表格内文字宋体、小四号，其他效果参考图 1-5-24。

（3）表格设置在一张 A4 纸上。

（4）保存名为学生基本情况登记表。

学生基本情况登记表

姓名　曾用名　出生年月

性别　民族　政治面貌

年龄　籍贯　身体状况

基本情况　毕业学校　家庭地址

成绩　第一学期　第二学期　第三学期　第四学期　第五学期　第六学期　毕业设计

何时何地受过何种处罚　何时何地受过何种奖励

备注　（一）一律用钢笔书写，字迹要端正、清楚。（二）内容要具体、真实。（三）本表内容将记入档案，希望认真填写。

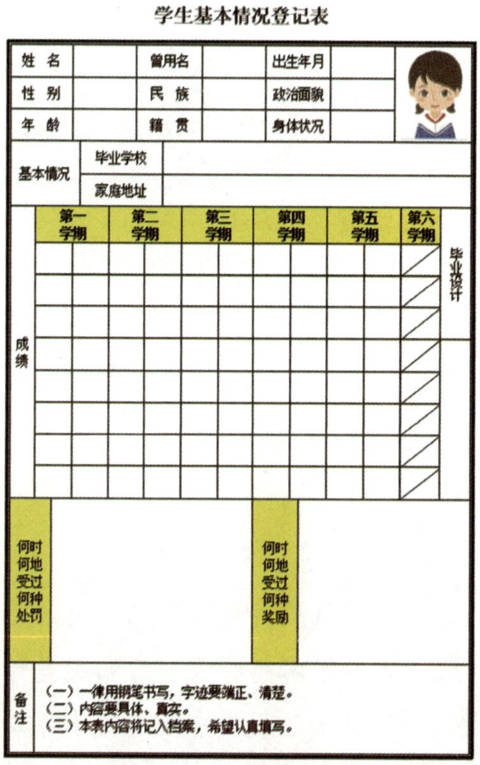

图 1-5-24　参考效果

 任务6 **制作主题电子板报**

任务描述

　　学校组织学生观看了中国共产党成立 102 周年特色文艺作品"塞罕坝精神组歌——最美奋斗者"展演后，为了将此次展演活动推广，学前教育系组织观后感后，用 Word 软件制作一份以"塞罕坝精神"为主题的电子板报，通过精美的设计和丰富的内容，展示塞罕坝精神的内涵和价值。弘扬塞罕坝精神，传播正能量，激发学生对环保和生态保护的关注和参与，如图 1-6-1 所示。

图 1-6-1 "塞罕坝精神"主题电子板报效果

排版要求

学习目标

　　1. 掌握图片处理技巧，包括色彩调整、亮度对比度优化、裁剪等，能够将普通图片转化为具有艺术感和吸引力的视觉作品。

　　2. 灵活运用文本框和艺术字工具的用法，能够根据需要创建和调整文本框的大小、位置和样式，同时运用艺术字效果，增强文字的视觉效果，使其更加突出和引人入胜。

3.灵活运用图文混排的技巧，将图片、文字和形状等元素有机结合，形成和谐统一的视觉效果，提升版面的整体美观度和可读性。

4.培养学生的团队协作精神和自主学习能力。

5.培养学生创新能力和规范排版的能力，激发学生的创造力和想象力。

6.树立学生正确的审美观和价值观，体现出对美的追求和对社会责任的关注。

技术分析

➤通过设置"字体"格式，可以实现文档的个性化、专业化和美观化。

➤通过设置"段落"格式，提升文档的视觉美观度，增强文档的可读性和层次感。

➤通过"插入"选项卡的"文本"选项组的"文本框"按钮，实现对 Word 文档中的文本内容更为精细和灵活的控制。

➤通过"插入"选项卡的"文本"选项组的"艺术字"，为文档增添个性化元素，使文本内容更加突出。

➤通过"插入"选项卡的"插图"选项组的"形状"，有效地表达信息和传递想法。

➤通过灵活处理和使用图片，设置环绕文字方式，实现图片或图形与文字之间的灵活布局，提升文档的视觉效果和可读性。

学习准备

（1）扫码观看微课进行预习。

（2）扫码自学课前知识准备。

（3）扫码完成工作页的引导问题。

微课　　　知识准备　　　工作页

任务实施

（1）打开 Word 2016 软件，双击桌面"Word 2016"快捷图标，即可打开并新建一个 Word 2016 文档。

（2）在"布局"选项卡、"页面设置"选项组中设置 A4 纸，纸张方向：横向。

操作演示

（3）制作前，构思好板报设计模板，布局思路，搜集文字、图片素材。可参考以下设计模板，如图 1-6-2 所示。

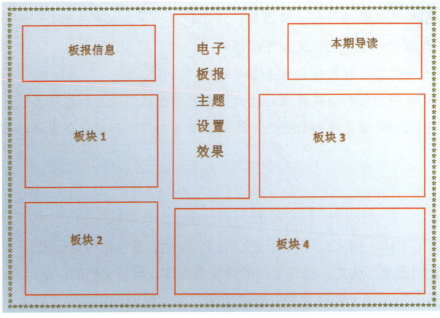

图 1-6-2　参考设计板报模板

（4）单击"设计"选项卡、"页面背景"选项组的"页面颜色"下拉列表，选择填充效果，选择填充颜色"单色：浅蓝，文字2，淡色80%"，底纹样式"斜下"，如图1-6-3所示。

（5）单击"插入"选项卡、"文本"选项组的"文本框"，插入绘制文本框，输入"出版单位""出版人""出版日期"等文字信息。文字字体设置为"宋体"，字号设置为"小四"，如图1-6-4所示。

（6）单击选择文本框外侧，在绘图工具"格式"选项卡、"形状样式"选项组的"形状颜色"下拉列表选择填充颜色"无填充"；在"形状轮廓"下拉列表选择形状轮廓颜色："蓝色 个性色1""粗细：4.5磅""虚线：圆点"；在"形状效果"下拉列表选择阴影效果："外部阴影—偏移右下"，如图1-6-5所示。

图 1-6-3　选择页面颜色

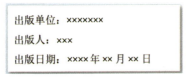

图 1-6-4　输入板报基本信息

图 1-6-5　设置文本框效果

（7）插入边框 1.jpg 图片，对图片进行调整，删除白色的背景。设置图片的文字环绕方式，可设"四周型"，随文字移动（除嵌入型，可尝试其他方式效果），如图 1-6-6 所示。

（8）单击"插入"选项卡、"文本"选项组的"文本框"，选择插入绘制文本框，输入"塞罕坝精神"小标题和"塞罕坝精神是什么"文字，对其设置字体格式，如图 1-6-7 所示。

图 1-6-6　编辑边框图片

图 1-6-7　设置文字格式

（9）单击"插入"选项卡、"插图"选项组的"形状"：横卷型。设置图片的文字环绕方式，可设"浮于文字上方"，随文字移动（除嵌入型，可尝试其他方式效果）。

单击绘图工具"格式"选项卡、"形状样式"选项组的"形状颜色"和"形状轮廓"按钮进行设置，形状填充颜色为："橄榄色，个性色 3，淡色 80%""形状轮廓：虚线：划线点"。

单击"插入"选项卡、"文本"选项组的"文本框"按钮，插入绘制文本框，输入文字。选择文字"绿水青山……奉献"，设置字体为"微软雅黑"，字号"小二"，加粗，居中，蓝色。选择文字"塞罕坝……海"，设置字体为"微软雅黑"，字号"三号"，加粗，居中，橄榄色，个性 3，淡色 25%。对部分文字进行文本效果设置，单击"字体"选项组的"文本效果和版式"下拉列表，选择"阴影"设置透视效果，右上对角透视，如图 1-6-8 所示。

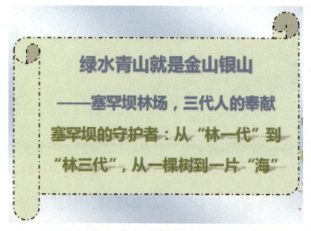

图 1-6-8　设置"绿水青山就是金山银山"板块的文字效果

（10）单击"插入"选项卡、"文本"选项组的"文本框"，插入绘制文本框，分别输入文字"塞""罕""坝""精""神"，对其文字效果进行设置，如图1-6-9所示。

单击"开始"选项卡、"字体"选项组，设置字体"华文行楷"，字号"145号"，颜色为"红色"，轮廓"黑色"，发光8磅，蓝色，调整"塞罕坝精神"文字位置，如图1-6-10所示。

图1-6-9　设置文字效果按钮

图1-6-10　板报主标题文字效果

（11）插入边框2.jpg图片，对图片进行调整。设置图片的文字环绕方式，可设"浮于文字上方"，随文字移动（除嵌入型，可尝试其他方式效果）。

单击"插入"选项卡、"文本"选项组的"文本框"，插入绘制文本框，输入"塞罕坝著名景点"文字。单击"开始"选项卡、"字体"选项组，设置字体"宋体"，字号"小一"，字体颜色"深蓝，文字2，淡色40%"。

单击选择文本框外侧，在绘图工具"格式"选项卡、"形状样式"选项组的"形状颜色""形状轮廓"，分别选择无形状填充、无形状轮廓，如图1-6-11所示。

图1-6-11　设置"塞罕坝 著名景点"小标题

（12）设置搜集的"塞罕坝著名景点"的素材资料，对其进行文字和图片的设置，参考数值可设置字体"宋体"、字号"小四"，如图1-6-12所示。

七星湖

七星湖是塞罕坝国家森林公园新开发的重点旅游景点，位于塞罕坝林场以北三千米处，环抱于青山、绿树和碧水之中。原是七个小湖，远远望去，有如天上北斗七星降落人间，七星湖因此而得名。

月亮湖

月亮湖景区总面积 10 平方千米，湖水犹如镶嵌在草原中的月亮，故名月亮湖，蒙语名为沙拉诺尔湖，在蒙古族人们心中，太阳和月亮被尊为"神"。月亮湖是一个在海拔 1 000 米以上的高原湖，集森林、草原湖泊为一体。

图 1-6-12　"塞罕坝 著名景点"板块效果

（13）设置"本期导读"板块效果，插入素材 5.jpg，设置图片的文字环绕方式，可设"四周型"，随文字移动（除嵌入型，可尝试其他方式效果）。插入文本框，输入导读信息，如图 1-6-13 所示。

图 1-6-13　设置"本期导读"板块效果

（14）插入边框效果作为装饰，如图 1-6-14 所示。

七星湖是塞罕坝国家森林公园新开发的重点旅游景点，位于塞罕坝林场以北三千米处，环抱于青山、绿树和碧水之中。原是七个小湖，远远望去，有如天上北斗七星降落人间，七星湖因此而得名。

月亮湖

月亮湖景区总面积 10 平方千米，湖水犹如镶嵌在草原中的月亮，故名月亮湖，蒙语名为沙拉诺尔湖，在蒙古族人们心中，太阳和月亮被尊为"神"。月亮湖是一个在海拔 1 000 米以上的高原湖，集森林、草原湖泊为一体。

图 1-6-14　插入装饰图片效果

（15）插入页面边框效果，如图1-6-15所示。

单击"段落"选项组的"边框和底纹"，选择插入艺术型页面边框，如图1-6-16所示。

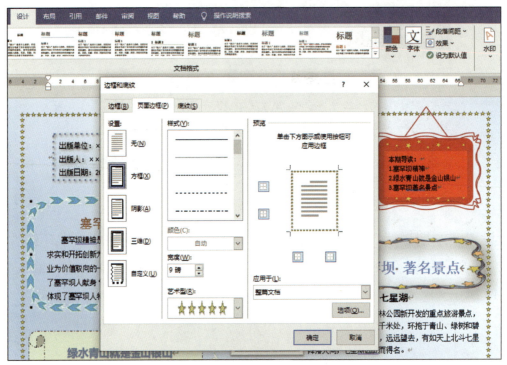

图1-6-15　插入艺术型页面边框

图1-6-16　"塞罕坝精神"主题电子板报效果

（16）保存文档。

文档设置完成后，保存为"制作主题电子板报.docx"。

 **任务评价**

任务评价表

考核内容	考核标准	分值 100	学生自评 10%	组内互评 30%	组间互评 30%	教师评价 30%
精神面貌	课前准备足，课上精神佳，发言清亮，兴趣浓	10				
任务评价	合理设置版面布局	12				
	合理运用图文混排效果	12				
	合理设置文字段落效果	12				
	合理运用各插入元素，搭配协调	12				
	合理设置图文颜色	12				
参与程度	学习时长持久，积极发现问题并清晰表达；善于倾听评价，思考创新；小组合作交流顺畅	10				
参与效果	学习品质坚实，自主习惯养成，问题意识敏锐，合作竞争共赢	10				
反思总结	拓展深入，笔记详尽，总结反思到位	10				

 拓展训练

1. 以学习雷锋好榜样为主题，搜集素材，制作电子板报。

操作要求：

（1）内容主题明确，布局合理美观，文字排版清晰，图文搭配合理，色彩搭配协调。

（2）页面设置 A4 纸，方向横向，页边距不要求。

（3）电子板报内字体、字号不要求，但要设计合理、美观大方。

（4）至少体现 3 个板块内容。

2. 从节日庆祝、学校活动、社会热点、文化知识等方面，抓住某一点入手，搜集素材，自拟题目，设计积极向上的电子板报。

操作要求：

（1）内容主题明确、布局合理美观、文字排版清晰、图文搭配合理、色彩搭配协调。

（2）页面设置 A4 纸，方向横向，页边距不要求。

（3）电子板报内字体、字号不要求，但要设计合理、美观大方。

（4）至少体现 3 个板块内容。

项目二　电子表格的处理技术与应用

项目描述

　　随着幼儿园教育管理的不断发展和进步，幼儿园老师需要处理大量的学生信息、学习进度、成绩、家校沟通、课程资源和班级日常事务等数据。Excel 软件可以帮助老师快速地输入、编辑和查询这些信息，并且可以通过排序、筛选和分类等功能，对数据进行整理和分析。通过合理利用其各项功能，可以更加高效、准确地处理各类数据，为幼儿园的教育管理提供有力的支持，为学生的学习和成长创造更好的条件。

学习目标

【知识目标】

　　1. 建立及美化表格，如建立新工作簿、输入数据、设置单元格格式、重命名工作表、设置字符格式、合并单元格、设置边框和底纹等操作，以增强表格的可读性。

　　2. 学会使用基本的公式和函数进行数据的计算与统计，理解公式与函数之间的区别与联系，并能够在不同场景中灵活运用。

　　3. 分析与管理数据，学会排序数据、筛选数据、分类汇总数据等操作，创建数据透视表，图表的制作与编辑，包括创建图表、调整图表元素、更换数据源和图表类型等。

　　4. 能够利用 Excel 建立数据源，并与 Word 的邮件合并功能结合，实现批量文档的快速生成。

【能力目标】

　　1. 利用 Excel 软件制作实用表格，满足工作和学习需求。

　　2. 培养学生分析和处理数据的能力，能够运用 Excel 工具对复杂数据进行有效处理。

　　3. 培养学生的自主探究能力、合作交流能力、评价能力、审美能力。

【素养目标】

　　1. 培养学生爱岗敬业的精神，对待学习和工作都保持认真负责的态度。

　　2. 树立良好的职业道德观念，注重数据的真实性和准确性。

　　3. 激发学生的创新思维，鼓励在数据处理和分析中提出新颖的观点和方法。

　　4. 通过 Excel 的学习和实践，培养学生的逻辑思维能力，提升问题解决的效率。

　　5. 适应数字化转型的发展趋势，提升学生的信息素养和信息技术应用能力。

项目导读

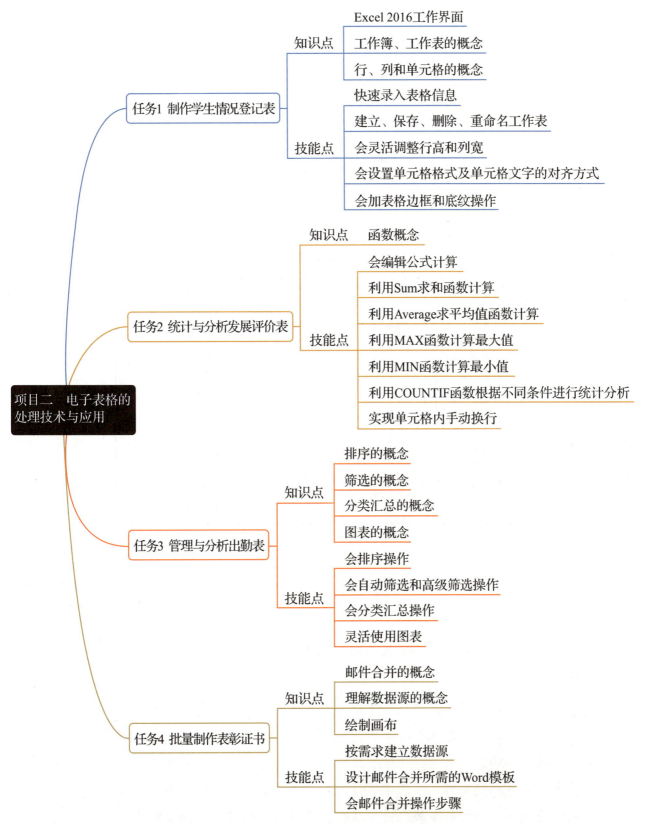

本项目将通过 4 个任务，来学习电子表格的处理技术与应用。

 任务描述

新学期开学后，幼儿园老师要对新来幼儿进行情况登记，以便于更好地管理幼儿，了解幼儿的家庭情况，能及时跟家长沟通交流孩子在园里的情况。要求能正确、快速录入信息，形成美观、可视化的电子表格数据，便于收集和资料信息。幼儿园学生情况登记表如图2-1-1所示。

					红黄蓝幼儿园学生情况登记表				
						班主任：张 x x		电话：138xxxx5875	
序号	班级	幼儿姓名	性别	民族	身份证号	监护人	电话	家庭住址	备注
1	蓝一班	王 x	男	汉族	130823xxxx09162561	王x x	138xxxx7873	承德市港湾花园小区	
2	蓝一班	石x x	女	满族	130802xxxx11021612	石x x	150xxxx7272	承德市武阳秀美小区	
3	蓝一班	刘x x	男	满族	130826xxxx0427832x	刘x x	153xxxx6364	承德市迎宾佳苑	
4	蓝一班	王x x	男	汉族	130826xxxx10286022	王x x	150xxxx0922	承德市武阳秀美小区	
5	蓝一班	苏x x	女	汉族	130827xxxx09292629	苏x x	155xxxx7822	承德市港湾花园小区	
6	蓝一班	任x x	女	汉族	130821xxxx02145268	任x x	155xxxx9588	承德市港湾花园小区	
7	蓝一班	尹x x	女	汉族	130227xxxx1115082x	尹x x	187xxxx5389	承德市迎宾佳苑	
8	蓝一班	孙x x	女	满族	130825xxxx08261246	孙x x	151xxxx2288	承德市冀东花园	
9	蓝一班	陈x x	女	瑶族	130803xxxx09281024	陈x x	151xxxx8449	承德市港湾花园小区	
10	蓝一班	郭x x	男	汉族	130802xxxx07032028	郭x x	138xxxx5679	承德市万福家园	
11	蓝一班	王x x	女	满族	130803xxxx11060423	王x x	157xxxx1141	承德市未来城	
12	蓝一班	吉x x	男	汉族	130827xxxx03162620	吉x x	150xxxx9735	承德市丽园小区	
13	蓝一班	王x x	男	汉族	130825xxxx02231628	王x x	139xxxx0315	承德市通和小区	
14	蓝一班	安x x	女	汉族	130827xxxx05071012	安x x	173xxxx5969	承德市万福家园	
15	蓝一班	付x x	女	汉族	130821xxxx02094226	付x x	139xxxx0253	承德市滦河佳苑	
16	蓝一班	赵x x	女	汉族	130182xxxx04025723	柴x x	138xxxx4154	承德市盛景华庭	
17	蓝一班	刘x x	女	满族	130825xxxx05122048	刘x x	138xxxx1243	承德市卧龙山庄	
18	蓝一班	温x x	男	满族	130825xxxx01183724	温x x	135xxxx6186	承德市百合园	
19	蓝一班	郑x x	女	汉族	130823xxxx03245044	郑x x	159xxxx7343	承德市武阳秀美小区	
20	蓝一班	苏x x	女	满族	130823xxxx03076244	苏x x	177xxxx7607	承德市交警家属楼	

图2-1-1　幼儿园学生情况登记表

排版要求

 **学习目标**

1. 能够熟练识别并理解Excel软件的基本界面元素，包括菜单栏、工具栏、单元格、行号、列号等。

2. 学会建立新的工作表，并熟悉保存、删除和重命名工作表的基本操作。

3. 学会在工作表中录入数据的方法，包括文本、数字、日期等。

4. 学会选择、调整行列，以及对单元格进行合并、拆分等基本操作。

5. 学会设置单元格的格式，包括对齐方式、字体、字号、颜色等。

6. 能够灵活地为单元格添加边框和底纹，提升表格的可读性和美观度。

7. 培养作为幼儿老师应具备的职业观念，包括尊重孩子、热爱教育事业、关注孩子全面发展等。

8. 鼓励学生遵循规范进行文档设计，培养良好的设计习惯。

9. 通过实践训练，激发学生的创新思维，提升审美能力。

10. 培养学生的逻辑思维能力，使他们能够更加条理清晰地思考问题。

11. 掌握数据整理的基本方法，提高数据处理与分析的能力。

 ## 技术分析

➢ 通过 Excel 提供的自动填充功能，可以自动生成序号。

➢ 通过"开始"选项卡、"字体""对齐方式"选项组的相应按钮，设置单元格数据的格式、字体、对齐方式等。

➢ 通过"删除"对话框，可以实现数据的删除、相邻单元格数据的移动。

➢ 通过"设置单元格格式"对话框对单元格及表格进行边框和底纹的设置。

 ## 学习准备

（1）扫码观看微课进行预习。

（2）扫码自学课前知识准备。

（3）扫码完成工作页的引导问题。

微课　　　　知识准备　　　　工作页

 ## 任务实施

（1）新建工作簿。

以 Excel 2016 软件为例，单击"开始"按钮，依次选择"Microsoft Office 2016"→"Excel 2016"命令，启动 Excel 2016 创建空白工作簿，如图 2-1-2 所示。

操作演示

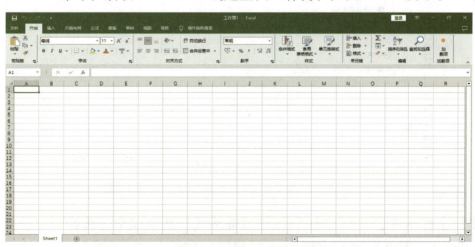

图 2-1-2　创建空白工作簿

（2）输入信息。

单击单元格 A1，输入标题"红黄蓝幼儿园学生情况登记表"，然后按〈Enter〉键，使光标移至单元格 A2 中，输入班主任及电话。移动鼠标至 A3 中，在单元格 A3 中输入列标题"序号"，然后按〈Tab〉键，使单元格 B3 成为活动单元格，并在其中输入标题"班级"。使用相同的方法，在单元格区域 C3:J3 中依次输入标题"幼儿姓名""性别""民族""身份证号""监护人""电话""家庭住址""备注"，如图 2-1-3 所示。

图 2-1-3　输入信息

（3）合并单元格。

选中 A1-J1，单击鼠标右键，选择设置单元格格式，在弹出的对话框中勾选"合并单元格"复选框，文本对齐方式"水平对齐居中、垂直对齐居中"；同样方法选择 A2-J2，合并单元格，如图 2-1-4 所示。

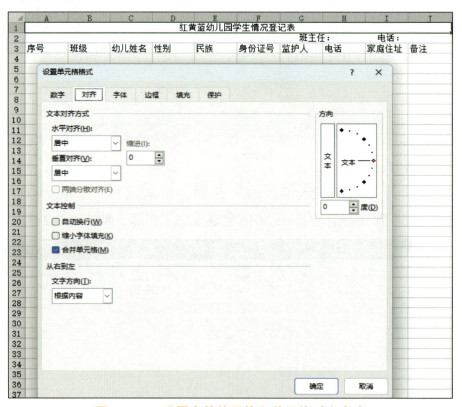

图 2-1-4　设置合并单元格和单元格对齐方式

【提示】可以在"开始"选项卡、"对齐方式"选项组中，选择"合并后居中"实现合并单元格效果，如图 2-1-5 所示。

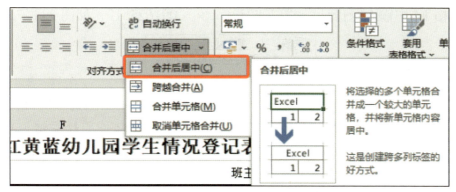

图 2-1-5　合并居中单元格操作

（4）插入列。

输入"序号"列的数据，增加"序号"列，可以直观反映班级人数。

①单击单元格 A4，在其中输入数字"1"。

②将鼠标移至单元格 A4 的右下角，当出现控制句柄"+"时，按住〈Ctrl〉键的同时拖动鼠标至单元格 A23（只输入部分学生的信息），单元格区域 A5:A23 内会自动生成序号。

（5）输入"身份证号"列的数据。

学生的身份证号往往由数字组成，但这些数字已不具备数学意义，只是作为区分不同学生的标记，因此将"身份证号"列的数据类型改为文本。

①拖动鼠标选定单元格区域 F4:F23，切换到"开始"选项卡，在"格式"选项组中单击"设置单元格格式"，在弹出的下拉列表框中选择"文本"选项，如图 2-1-6 所示。

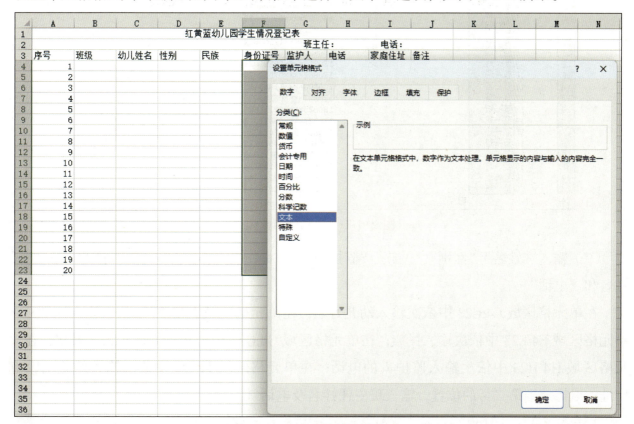

图 2-1-6　设置单元格格式

②在单元格F4中输入身份证号"130823×××09162561",如图2-1-7所示。

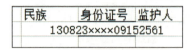

图2-1-7 输入身份证号

【提示】在此步骤中,将鼠标移动到F和G列中间时,双击鼠标左键,自动按单元格内容调整F列的宽度,然后依次填入其他学生的身份证号,如图2-1-8所示。

图2-1-8 自动调整列宽

(6)输入"班级"列的数据。

①单击单元格B4,输入数据"蓝一班"。

②将鼠标移至单元格B4的右下角,当出现控制句柄"+"时,按住〈Ctrl〉键的同时拖动鼠标至单元格B23,单元格区域B5:B23内会自动复制数据,如图2-1-9所示。

	A	B	C	D	E	F	G	H	I	J
1						红黄蓝幼儿园学生情况登记表				
2							班主任:		电话:	
3	序号	班级	幼儿姓名	性别	民族	身份证号	监护人	电话	家庭住址	备注
4	1	蓝一班				130823×××09162561				
5	2	蓝一班				130802×××11021612				
6	3	蓝一班				130826×××0427832x				
7	4	蓝一班				130826×××10286022				
8	5	蓝一班				130827×××09292629				
9	6	蓝一班				130821×××02145268				
10	7	蓝一班				130227×××1115082x				
11	8	蓝一班				130825×××08261246				
12	9	蓝一班				130803×××09281024				
13	10	蓝一班				130802×××07032028				
14	11	蓝一班				130803×××11060423				
15	12	蓝一班				130827×××03162620				
16	13	蓝一班				130825×××02231628				
17	14	蓝一班				130827×××05071012				
18	15	蓝一班				130821×××02094226				
19	16	蓝一班				130182×××04025723				
20	17	蓝一班				130823×××05122048				
21	18	蓝一班				130825×××01183724				
22	19	蓝一班				130823×××03245044				
23	20	蓝一班				130823×××03076244				
24										

图2-1-9 自动复制数据

(7)输入"姓名""性别""民族""监护人""电话""家庭地址"及第二行的"班主任"姓名和"电话"。

在单元格区域C4:C23中依次输入幼儿姓名;在单元格区域D4:D23中依次输入性别;在单元格区域E4:E23中依次输入民族;在单元格区域G4:G23中依次输入监护人的姓名;在单元格区域H4:H23中依次输入监护人的电话;在单元格区域I4:I23中依次输入幼儿的家庭住址;鼠标放到第二行的位置,输入班主任姓名及电话。

【提示】输入"性别"列的信息时,注意不相邻单元格相同信息的输入方法:

方法一：按〈Ctrl〉键，单击要选中的不相邻的单元格，在最后一个单元格中输入内容，按〈Ctrl+Enter〉键。

方法二：在一个单元格输入信息后，按〈Ctrl+C〉键，然后单击要选中的不相邻的单元格后直接按〈Ctrl+V〉键，如图 2-1-10 所示。

基础数据输入完成后的结果，如图 2-1-11 所示。

图 2-1-10　不相邻单元格
　　相同信息的输入方法

图 2-1-11　基础数据输入完成后效果

（8）设置单元格的字体格式和段落格式。

可参考下面的数值设置：

标题：红黄蓝幼儿园学生情况登记表，字体"宋体"，字号"18 号"，加粗效果。

其余信息根据需要，适当加粗效果、调整字体字号、调整文字在单元格的位置，凸显重点呈现内容，如图 2-1-12 所示。

图 2-1-12　字体格式和段落格式的设置

（9）边框与底纹的设置。

①设置表格的边框。默认情况下，工作表中的表格线都是浅色的，称为网格线，它们在打印时并不显示。为了打印带边框线的表格，方法为：选择要加表框线的区域，单击鼠标右键，选择下拉菜单，打开"设置单元格格式"对话框并切换到"边框"选项卡，然后选择外边框和内部。如对表格外边框有加粗线框的效果，可再单击样式里粗一点的线条，单击外边框，如图 2-1-13 所示。

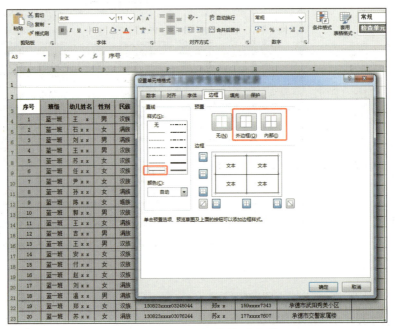

图 2-1-13　添加表格边框线

【提示】通过"开始"选项卡"字体"选项组，单击"边框"下拉列表，选择加线框的部位，灵活加线，如图 2-1-14 所示。

图 2-1-14　"边框"按钮添加边框线

给选中的单元格加粗边框效果如图 2-1-15 所示。

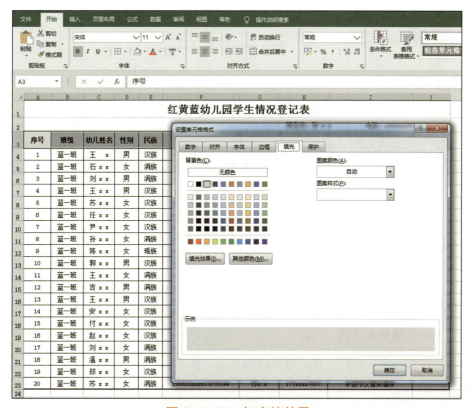

图 2-1-15　加粗边框效果

②设置表格的底纹，选择要加底纹的区域，单击鼠标右键，在快捷菜单中单击"设置单元格格式（F）…"按钮，打开"设置单元格格式"对话框并切换到"填充"选项卡，然后选择要填充的背景色颜色，如图 2-1-16 所示。

图 2-1-16　加底纹效果

【提示】可以通过调图案颜色和图案样式，调整要填充的颜色样式，如图 2-1-17 所示。

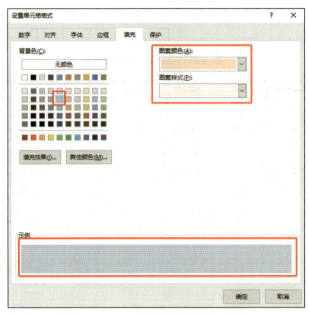

图 2-1-17 调整底纹颜色效果

（10）保存工作簿。

按〈Ctrl+S〉组合键，在弹出的"保存"对话框中选择适当的保存位置，以"红黄蓝幼儿园学生情况登记表"为文件名保存工作簿。

【提示】在录入少量信息时，建议随时保存文件。

任务评价

任务评价表

考核内容	考核标准	分值 100	学生自评 10%	组内互评 30%	组间互评 30%	教师评价 30%
精神面貌	课前准备足，课上精神佳，发言清亮，兴趣浓	10				
任务评价	准确快速录入信息	12				
	调整行高和列宽	12				
	添加边框和底纹	12				
	使用合并单元格功能	12				
	设置单元格对齐方式	12				
参与程度	学习时长持久，积极发现问题并清晰表达；善于倾听评价，思考创新；小组合作交流顺畅	10				
参与效果	学习品质坚实，自主习惯养成，问题意识敏锐，合作竞争共赢	10				
反思总结	拓展深入，笔记详尽，总结反思到位	10				

制作员工工资表，参考排版要求排版。

排版要求：

（1）页面设置：A4纸，页边距上、下2.5厘米；左、右1.9厘米，页面横向。

（2）第1行从A1:K1合并单元格，文字内容为员工工资表，字号为宋体20，加粗，第1行的行高为41.25。

（3）第2行至第14行的行高均设为21.75，文字内容字号均为12，只有第2行文字有加粗、加底纹效果。

（4）A列至K列列宽为9.88。

（5）H列和I列部分文字颜色改成如图2-1-18所示的颜色。

（6）A列至K列文字格式设置合理，字体、字号不做要求。

（7）保存为员工工资表.xlsx。

序号	姓名	岗位工资	工龄工资	副食补贴	书报费	住房补贴	水电费	住房贷款	总工资	应付工资
					员工工资表					
1	王××	¥1,800.00	¥250.00	¥100.00	¥200.00	¥300.00	¥200.00	¥300.00		
2	李××	¥1,801.00	¥251.00	¥101.00	¥201.00	¥301.00	¥201.00	¥301.00		
3	周××	¥1,802.00	¥252.00	¥102.00	¥202.00	¥302.00	¥202.00	¥302.00		
4	朱××	¥1,803.00	¥253.00	¥103.00	¥203.00	¥303.00	¥203.00	¥303.00		
5	张××	¥1,804.00	¥254.00	¥104.00	¥204.00	¥304.00	¥204.00	¥304.00		
6	罗××	¥1,805.00	¥255.00	¥105.00	¥205.00	¥305.00	¥205.00	¥305.00		
7	沈××	¥1,806.00	¥256.00	¥106.00	¥206.00	¥306.00	¥206.00	¥306.00		
8	吴 ×	¥1,807.00	¥257.00	¥107.00	¥207.00	¥307.00	¥207.00	¥307.00		
9	刘××	¥1,808.00	¥258.00	¥108.00	¥208.00	¥308.00	¥208.00	¥308.00		
10	周 ×	¥1,809.00	¥259.00	¥109.00	¥209.00	¥309.00	¥209.00	¥309.00		
11	杜××	¥1,810.00	¥260.00	¥110.00	¥210.00	¥310.00	¥210.00	¥310.00		
12	陈××	¥1,811.00	¥261.00	¥111.00	¥211.00	¥311.00	¥211.00	¥311.00		

图 2-1-18　员工工资表

任务2 统计与分析发展评价表

任务描述

学期末，幼儿园要开家长会，老师要对幼儿这一学期的情况向家长汇报，以便于家长更好地了解孩子在幼儿园的学习情况，及时与家长沟通孩子的学习能力，更好地促进幼儿的发展。为此，老师使用电子表格软件来整理和展示信息，实现了有效地准备家长会并圆满地完成汇报的良好效果。要求能正确、快速录入信息，形成美观、可视化的电子表格数据。幼儿发展评价统计表如图 2-2-1 所示。

幼儿发展评价统计表

序号	姓名	性别	身份证号	领域1: 身体动作发展	领域2: 沟通语言与读写	领域3: 个性情感与社会性	领域4: 认识与理解自然	领域5: 数学认知发展	领域6: 艺术与创造性	发展评价总分	发展评价平均分
			学期: 2023-2024第一学期				班级: 蓝一班				
1	王 ×	男	130823xxxx09162561	90	90	90	96	93	96	555	93
2	石××	女	130802xxxx11021612	100	99	96	99	98	96	588	98
3	刘 ×	男	130826xxxx0427832x	90	90	90	96	93	94	553	92
4	王 ×	男	130826xxxx10286022	100	99	96	99	98	96	588	98
5	苏 ×	女	130827xxxx09292629	90	90	90	96	93	94	553	92
6	任××	女	130821xxxx02145268	100	97	96	99	99	96	587	98
7	尹 ×	女	130227xxxx1115082x	90	90	90	96	93	94	553	92
8	孙 ×	女	130825xxxx08261246	100	99	96	99	98	98	590	98
9	陈××	女	130803xxxx09281024	90	99	99	93	97	94	572	95
10	鄂××	男	130802xxxx07032028	100	99	97	99	98	96	589	98
11	王××	女	130803xxxx11060423	95	90	90	96	93	96	560	93
12	吉××	男	130827xxxx03162620	100	99	99	93	97	97	585	98
13	王××	男	130825xxxx02231628	90	90	99	99	93	94	565	94
14	安××	女	130827xxxx05071012	95	99	96	99	99	96	584	97
15	付××	女	130821xxxx02094226	90	97	90	96	95	96	564	94
16	赵××	女	130182xxxx04025723	90	99	96	99	98	96	587	98
17	刘 ×	女	130823xxxx05122048	96	90	90	96	93	98	563	94
18	温××	男	130825xxxx01183724	100	99	96	99	98	96	588	98
19	郑××	女	130823xxxx03245044	100	99	96	92	95	96	578	96
20	苏××	女	130823xxxx03076244	99	99	96	99	98	96	587	98

备注: 评价表设有6个评价领域，每个领域分别设100，按百分制衡量幼儿在每个领域的发展情况，以评价幼儿能否达到目标。

领域1: 身体动作发展
包括喜欢幼儿园集体生活，情绪安定愉快；能情调愉快的来幼儿园；会蹦蹦跳；会听指令向指定方走走；用积木(积木)进行搭合、全高、延长等活动；会自己洗手、喝水、进餐、如厕。

领域2: 沟通语言与读写
包括喜欢用语言表达自己的需求；能安静听成人说话，能听知"你""我""他"的称代关系，并能正确的运用。

领域3: 个性情感与社会性包括喜欢与身边的人(同伴、老师)等友好友往，开朗友好，礼貌地对待他们；尝试与喜欢的同伴分享玩具，体验与一起游戏的快乐；大胆尝试在集体面前表现自己，(如唱歌、跳舞、说儿歌等。)；初步的礼貌交往的习惯；愿意和同伴一起游戏。

领域4: 沟通语言与读写
包括喜欢操作活动，摆弄物品；学习运用多种感官感知和探索周围事物，体验季节的变化，感知各种自然现象，(如风、雨、雪等)。

领域5: 数学认知发展包括喜欢说唱数字儿歌，感知数字与数量的关系，愿意参加数字游戏和操作活动。

领域6: 艺术与创造性
包括感受喜爱置生活中的美，喜欢参加各种艺术活动；喜欢用自己的方式表达自己的感受，体验成功的喜悦。

幼儿发展评价平均分分段统计

分数段	人数	比例
95分以上	12	60%
90-94分	8	40%
总计	20	100%
最高分		98
最低分		92

图 2-2-1 幼儿发展评价统计表

排版要求

学习目标

1. 能够根据具体需求，设计和制作清晰、易读、结构合理的表格。
2. 掌握表格设计的基本原则和技巧，确保表格的美观性和实用性。
3. 会运用电子表格软件的数据录入功能，提高数据录入的准确性和效率。
4. 会灵活使用单元格内手动换行功能。
5. 会熟练使用电子表格软件中的常用函数，如求和、平均、最大值、最小值等。
6. 会掌握电子表格中的公式编辑方法，能够根据需求编辑自定义公式。
7. 鼓励学生遵循表格设计的规范原则，培养良好的设计习惯和审美能力。
8. 激发学生的创新意识，鼓励发挥个性，创造具有独特风格的作品。

技术分析

➢ 通过使用 SUM 函数，可以统计评价总分。

➢ 通过使用 AVERAGE 函数，可以统计发展评价平均分。

➢ 通过使用 COUNTIF 函数，可以统计不同分数段的人数。

➢ 通过对单元格数据的引用，可以统计不同分数段学生的比例。

➢ 通过按〈Ctrl+Enter〉强制换行，实现单元格内手动换行。

➢ 通过使用 MAX、MIN 函数，可以计算指定单元格区域数据中的最大值和最小值。

学习准备

（1）扫码观看微课视频预习。
（2）扫码自学课前知识准备。
（3）扫码完成工作页的引导问题。

微课　　　知识准备　　　工作页

任务实施

1. 计算幼儿的发展评价总分

（1）建立表格，输入原始数据。

①新建 Excel 2016 的工作簿，文件命名为幼儿发展评价统计表 .xlsx，如图 2-2-2 所示。

操作演示

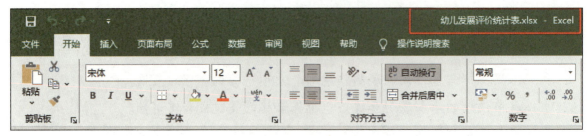

图 2-2-2　建立工作簿

②在名为 Sheet1 的工作表中建立表格，输入幼儿发展评价统计表，并输入"序号""姓名""性别""身份证号""领域1：身体动作发展""领域2：沟通语言与读写""领域3：个性情感与社会性""领域4：认识与理解自然""领域5：数学认知发展""领域6：艺术与创造性"这十项的原始数据，设置字体格式并调整单元格文本的对齐方式，进行表格数据的录入及格式设置，如图 2-2-3 所示。

幼儿发展评价统计表

序号	姓名	性别	身份证号	领域1：身体动作发展	领域2：沟通语言与读写	领域3：个性情感与社会性	领域4：认识与理解自然	领域5：数学认知发展	领域6：艺术与创造性	发展评价总分	发展评价平均分
1	王　×	男	130823×××09162561	90	90	90	96	93	96	555	93
2	石××	女	130802×××11021612	100	99	96	99	98	96	588	98
3	刘　×	男	130826×××0427832x	90	90	90	96	93	94	553	92
4	王××	男	130826×××10286022	100	99	96	99	98	96	588	98
5	苏　×	女	130827×××09292629	90	90	90	96	93	94	553	92
6	任××	女	130821×××02145268	100	97	96	99	99	96	587	98
7	尹　×	女	130227×××1115082x	90	90	90	96	93	94	553	92
8	孙　×	女	130825×××08261246	100	99	96	99	98	98	590	98
9	陈××	女	130803×××09281024	90	99	99	93	97	94	572	95
10	郭××	男	130802×××07032028	100	99	97	99	98	96	589	98
11	王××	男	130803×××11060423	95	90	90	96	93	96	560	93
12	吉××	男	130827×××03162620	100	99	99	93	97	97	585	98
13	王××	男	130825×××02231628	90	99	99	99	93	94	565	94
14	安××	女	130827×××05071012	95	99	96	99	99	96	584	97
15	付××	女	130821×××02094226	90	97	96	96	95	96	564	94
16	赵××	女	130182×××04025723	99	99	96	99	98	96	587	98
17	刘　×	女	130823×××05122048	96	90	90	96	93	98	563	94
18	温××	男	130825×××01183724	100	99	96	99	98	96	588	98
19	郑××	女	130823×××03245044	100	99	96	92	95	96	578	96
20	苏××	女	130823×××03076244	99	99	96	99	98	96	587	98

学期：2023-2024第一学期　　班级：蓝一班

图 2-2-3　录入基础数据及调整格式

（2）计算幼儿的发展评价总分。

①利用数学公式计算，将光标置于单元格 K4 中，输入 =E4+F4+G4+H4+I4+J4，如图 2-2-4 所示。

图 2-2-4　利用数学公式计算

接着按〈Enter〉键，计算出序号为"1"的幼儿发展评价总分，利用控制句柄向下拖动鼠标。按此计算方法，自动计算出其他幼儿的发展评价总分，如图 2-2-5 所示。

幼儿发展评价统计表

学期：2023-2024第一学期　　　　班级：蓝一班

序号	姓名	性别	身份证号	领域1：身体动作发展	领域2：沟通语言与读写	领域3：个性情感与社会性	领域4：认识与理解自然	领域5：数学认知发展	领域6：艺术与创造性	发展评价总分	发展评价平均分
1	王××	男	130823×××09162561	90	90	90	96	93	96	555	
2	石××	女	130802×××11021612	100	99	96	99	98	96	588	
3	刘×	男	130826×××0427832x	90	90	90	96	93	94	553	
4	王××	男	130826×××10286022	100	99	96	99	98	96	588	
5	苏×	女	130827×××09292629	90	90	90	96	93	94	553	
6	任××	女	130821×××02145268	100	97	96	99	99	96	587	
7	尹×	女	130227×××1115082x	90	90	90	96	93	94	553	
8	孙×	女	130825×××08261246	100	99	96	99	98	98	590	
9	陈××	女	130803×××09281024	90	99	99	93	97	94	572	
10	郭××	男	130802×××07032028	100	99	97	99	98	96	589	
11	王××	男	130803×××11060423	95	90	90	96	93	96	560	
12	吉××	男	130827×××03162620	100	99	99	93	97	97	585	
13	王××	男	130825×××02231628	90	90	99	99	93	94	565	
14	安××	女	130827×××05071012	95	90	99	99	99	96	584	
15	付××	女	130821×××02094226	90	97	96	99	95	96	564	
16	赵××	女	130182×××04025723	99	99	99	99	98	96	587	
17	刘×	女	130823×××05122048	96	90	90	99	93	98	563	
18	温××	男	130825×××01183724	100	99	96	99	98	96	588	
19	郑××	女	130823×××03245044	100	99	96	92	95	96	578	
20	苏××	女	130823×××03076244	99	99	96	99	98	96	587	

备注：评价表设有6个评价领域，每个领域分别设100，按百分制来衡量幼儿在每个领域的发展情况，以评价幼儿能否达到目标。

图2-2-5　自动计算其他幼儿的发展评价总分

②利用函数公式计算，将光标置于单元格K4中，切换到"公式"选项卡，单击"函数库"选项组中的"自动求和"按钮，则单元格区域E4:J4的周围会出现虚线框，且单元格K4中显示公式"=SUM（E4:J4）"，如图2-2-6所示。

幼儿发展评价统计表

学期：2023-2024第一学期　　　　班级：蓝一班

序号	姓名	性别	身份证号	领域1：身体动作发展	领域2：沟通语言与读写	领域3：个性情感与社会性	领域4：认识与理解自然	领域5：数学认知发展	领域6：艺术与创造性	发展评价总分	发展评价平均分
1	王×	男	130823×××09162561	90	90	90	96	93	=SUM(E4:J4)		
2	石××	女	130802×××11021612	100	99	96	99	98	SUM(number1, [number2],		
3	刘×	男	130826×××0427832x	90	90	90	96	93	94		

图2-2-6　利用函数公式计算

按〈Enter〉键，计算出序号为1的幼儿发展评价总分，利用控制句柄，计算出所有幼儿的发展评价总分，如图2-2-7所示。

幼儿发展评价统计表

学期：2023-2024第一学期　　　　班级：蓝一班

序号	姓名	性别	身份证号	领域1：身体动作发展	领域2：沟通语言与读写	领域3：个性情感与社会性	领域4：认识与理解自然	领域5：数学认知发展	领域6：艺术与创造性	发展评价总分	发展评价平均分
1	王×	男	130823×××09162561	90	90	90	96	93	96	555	
2	石××	女	130802×××11021612	100	99	96	99	98	96	588	
3	刘×	男	130826×××0427832x	90	90	90	96	93	94	553	
4	王××	男	130826×××10286022	100	99	96	99	98	96	588	
5	苏×	女	130827×××09292629	90	90	90	96	93	94	553	
6	任××	女	130821×××02145268	100	97	96	99	99	96	587	
7	尹×	女	130227×××1115082x	90	90	90	96	93	94	553	
8	孙×	女	130825×××08261246	100	99	96	99	98	98	590	
9	陈××	女	130803×××09281024	90	99	99	93	97	94	572	
10	郭××	男	130802×××07032028	100	99	97	99	98	96	589	
11	王××	男	130803×××11060423	95	90	90	96	93	96	560	
12	吉××	男	130827×××03162620	100	99	99	93	97	97	585	
13	王××	男	130825×××02231628	90	90	99	99	93	94	565	
14	安××	女	130827×××05071012	95	90	99	99	99	96	584	
15	付××	女	130821×××02094226	90	97	96	99	95	96	564	
16	赵××	女	130182×××04025723	99	99	99	99	98	96	587	
17	刘×	女	130823×××05122048	96	90	90	99	93	98	563	
18	温××	男	130825×××01183724	100	99	96	99	98	96	588	
19	郑××	女	130823×××03245044	100	99	96	92	95	96	578	
20	苏××	女	130823×××03076244	99	99	96	99	98	96	587	

备注：评价表设有6个评价领域，每个领域分别设100，按百分制来衡量幼儿在每个领域的发展情况，以评价幼儿能否达到目标。

图2-2-7　计算出所有幼儿的发展评价总分

【提示】如表格中某列未有合并单元格效果，可直接双击单元格右下角的控制句柄，计算所有幼儿的发展评价总分。

2. 计算幼儿的发展评价平均分

①利用数学公式计算，将光标置于单元格 L4 中，输入 =（E4+F4+G4+H4+I4+J4）/6，如图 2-2-8 所示。

图 2-2-8　利用数学公式计算

接着按〈Enter〉键，计算出序号为"1"的幼儿发展评价平均分，利用控制句柄，计算出所有幼儿的发展评价平均分，如图 2-2-9 所示。

图 2-2-9　计算出所有幼儿的发展评价平均分

②利用函数公式计算，将光标置于单元格 L4 中，切换到"公式"选项卡，单击"函数库"选项组中的"平均值"，则单元格区域 E4:K4 的周围会出现虚线框，且单元格 K4 中显示公式"=AVERAGE（E4:K4）"，修改 Number1 中数据为（E4:J4），如图 2-2-10 所示。

图 2-2-10　利用函数公式计算

按〈Enter〉键，计算出序号为 1 的幼儿发展评价平均分，利用控制句柄，计算出所有幼儿的发展评价平均分。

【提示】如表格中某列未有合并单元格效果，可直接双击单元格右下角的控制句柄，计算所有幼儿的发展评价平均分。

3. 输入备注

输入六个评价领域的名称及具体内容后，按〈Alt+Enter〉组合键，强制换行，输入该内容的解释。

【提示】利用〈Alt+Enter〉组合键，实现单元格内手动换行，如图 2-2-11 所示。

领域1：身体动作发展
包括喜欢幼儿园集体生活，情绪安定愉快；能情绪愉快的来幼儿园；会踮脚走；会听指令向指定方向走；用积木（积塑）进行围合、垒高、延长等活动；会自己洗手、喝水，进餐、如厕。

图 2-2-11　实现单元格内手动换行操作

4. 分段统计人数及比例

（1）建立统计分析表。

在工作表"幼儿发展评价统计表"中的 B32 开始的单元格区域建立统计分析表，如图 2-2-12 所示；然后为该区域添加边框，设置单元格文本对齐方式。

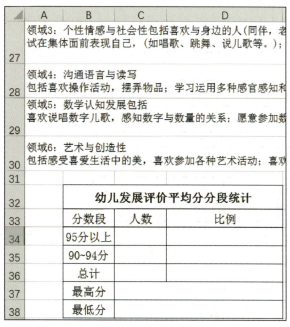

图 2-2-12　建立统计分析表

（2）计算分段人数。

①选中单元格 C34，切换到"公式"选项卡，然后单击"函数库"选项组中的"插入函数"，打开"插入函数"对话框。

②将"或选择类别"下拉列表框设置为"统计"，然后在"选择函数"列表框中选择"COUNTIF"选项，如图 2-2-13 所示，接着单击"确定"按钮，打开"函数参数"对话框。

③在工作表中选择单元格区域 L4:L23，将"函数参数"对话框中"Range"框内显示的内容修改为"$L$4:$L$23"，接着在"Criteria"框中输入条件">=95"，如图 2-2-14 所示，单击"确定"按钮，返回工作表。此时，在单元格 C34 中显示出计算结果，在编辑框中显示了对应的公式"COUNTF（$L$4:$L$23,>=95）"，统计出平均分在 95 分以上的人数。

图 2-2-13　COUNTIF 函数

图 2-2-14　利用 COUNTIF 函数统计 95 分以上的人数

④再次单击单元格 C34，按〈Ctrl+C〉组合键复制公式，然后在单元格 C35 中按〈Ctrl+V〉组合键粘贴公式，并修改为"=COUNTIF（$L$4:$L$23,">=90"）-COUNTIF（$L$4:$L$23,">=95"）"（也可以使用 COUNTIFS 函数进行统计，具体方法参阅相关资料），并按〈Enter〉键，统计出平均分在 90~94 分的人数，如图 2-2-15 所示。

幼儿发展评价平均分分段统计		
分数段	人数	比例
95分以上	12	
90-94分	=COUNTIF($L$4:$L$23,">=90")-COUNTIF($L$4:$L$23,">=95")	
总计	COUNTIF(range, criteria)	
最高分		
最低分		

图 2-2-15　利用 COUNTIF 函数统计 90~94 分的人数

⑤选定单元格区 C34:C35，单击"函数库"选项组中的"自动求和"按钮，单元格 C36 中将计算出班级的总人数，如图 2-2-16 所示。

幼儿发展评价平均分分段统计		
分数段	人数	比例
95分以上	12	
90~94分	8	
总计	20	
最高分		
最低分		

图 2-2-16　利用自动求和计算总计

（3）统计分段人数的比例。

①在单元格 D34 中输入"="，然后单击单元格 C34，选择 95 分以上的人数，接着输入"/"，再单击单元格 C36，将公式修改为"=C34/C\$36"，最后按〈Enter〉键计算结果。

②利用控制句柄，自动填充其他分数段的比例数据。

③选定单元格区域 D34:D36，切换到"开始"选项卡，然后单击"数字"选项组中的"百分比样式"按钮，则数值均以百分比形式显示，如图 2-2-17 所示。

	幼儿发展评价平均分分段统计		
32			
33	分数段	人数	比例
34	95分以上	12	60%
35	90~94分	8	40%
36	总计	20	100%

图 2-2-17　统计分段人数的比例

（4）计算最高分与最低分。

①将光标移至单元格 C37 中，切换到"公式"选项卡，单击"自动求和"按钮下方的箭头按钮，从弹出的下拉菜单中选择"最大值"命令，然后拖动鼠标选中平均成绩所在的单元格区域 L4:L23，按〈Enter〉键计算出平均成绩的最高分，如图 2-2-18 所示。

图 2-2-18　MAX 函数

②借助于函数 MIN，在单元格 C38 中计算出最低分，如图 2-2-19 所示。

图 2-2-19　MIN 函数

幼儿发展评价平均分分段统计如图 2-2-20 所示。

幼儿发展评价平均分分段统计		
分数段	人数	比例
95分以上	12	60%
90~94分	8	40%
总计	20	100%
最高分	98	
最低分	92	

图 2-2-20　利用函数计算最高分及最低分

（5）保存名为"幼儿发展评价统计表"的工作簿。

 **任务评价**

任务评价表

考核内容	考核标准	分值 100	学生自评 10%	组内互评 30%	组间互评 30%	教师评价 30%
精神面貌	课前准备足，课上精神佳，发言清亮，兴趣浓	10				
任务评价	利用求和函数和公式法计算	12				
	利用求平均值函数和公式法计算	12				
	实现强行换行操作	12				
	添加边框和底纹	12				
	灵活调整表格	12				
参与程度	学习时长持久，积极发现问题并清晰表达；善于倾听评价，思考创新；小组合作交流顺畅	10				
参与效果	学习品质坚实，自主习惯养成，问题意识敏锐，合作竞争共赢	10				
反思总结	拓展深入，笔记详尽，总结反思到位	10				

拓展训练

扫码下载原文件，在学校图书馆图书流通统计原数据表的基础上完成如下操作要求（参考图 2-2-21）。

（1）分别用自动求和功能求取"合计"的数值。

（2）用数学公式来计算"月平均"和"类别平均"，要求保留 2 位小数。

（3）用数学公式计算经典文学与社会研究合计。

（4）假设图书的每本价格为"20 元"，请计算每月的"总共支出"，要求数值前显示"￥"。

（5）将 Sheet1 命名为"学校图书馆图书流通统计表"。

学校图书馆图书流通统计原数据表

学校图书馆图书流通统计表

类　别	经典文学	教育辅导	自然科学	社会研究	休闲读物	合　计	类别平均	经典文学与社会研究合计	每月总支出
一月	230	75	550	470	70				
二月	480	95	370	430	65				
三月	550	110	650	400	90				
四月	530	240	290	405	95				
五月	540	210	460	520	250				
六月	360	330	360	530	220				
月平均									

图 2-2-21　学校图书馆图书流通统计原数据表

任务3   管理与分析出勤表

任务描述

在幼儿园管理中，孩子们的出勤率是一个非常重要的指标。出勤率不仅关系到孩子们的学习效果和社交能力，也直接影响到幼儿园的教学品质和家长的信任。12月，园长要对孩子们月度出勤数据进行深度分析，可以帮助幼儿园管理者了解孩子们的出勤情况，发现潜在问题，制定相应的改进措施，提高教学质量和家长满意度。委托孙佳班主任做12月的学生出勤的数据汇总及分析工作。管理与分析幼儿出勤表的参考效果如图 2-3-1 所示。

（1）利用分类汇总功能，用数据说明哪个班的出勤率高？

	序号	学生姓名	所属班级	出勤天数	缺勤天数	请假原因
			幼儿园12月学生出勤汇总表			
3	10	杨 ×	中班	20	1	事假
4	11	陈××	中班	20	1	感冒
5	12	张××	中班	18	3	感冒
6	13	程××	中班	20	1	事假
7	14	刘××	中班	18	3	感冒
8	15	王××	中班	16	5	发烧生病
9	16	姜××	中班	21	0	
10	17	张××	中班	17	4	发烧生病
11	18	李××	中班	21	0	
12	19	吴 ×	中班	19	2	腹泻
13			中班 平均值	19	2	
14	1	吉××	小班	21	0	
15	2	王××	小班	19	2	事假
16	3	安××	小班	20	1	腹泻
17	4	付××	小班	18	3	发烧生病
18	5	赵××	小班	19	2	腹泻
19	6	刘 ×	小班	21	0	
20	7	温××	小班	18	3	过敏、其他
21	8	郑××	小班	21	0	
22	9	苏××	小班	19	2	感冒
23	30	王××	小班	20	1	感冒、家庭原因
24			小班 平均值	19.6	1.4	
25	20	王 ×	大班	21	0	
26	21	石××	大班	21	0	
27	22	刘 ×	大班	20	1	事假
28	23	王××	大班	20	1	事假
29	24	苏××	大班	21	0	
30	25	任××	大班	21	0	
31	26	尹 ×	大班	19	2	感冒
32	27	孙 ×	大班	20	1	感冒
33	28	陈××	大班	21	0	
34	29	郭××	大班	20	1	感冒
35			大班 平均值	20.4	0.6	
36			总计平均值	20	1	

图 2-3-1   分类汇总出勤表

（2）谁是这个月的"全勤小明星"（图2-3-2）？

序号	学生姓	所属班	出勤天	缺勤天	请假原因
16	姜××	中班	21	0	
18	李××	中班	21	0	
1	吉××	小班	21	0	
6	刘 ×	小班	21	0	
8	郑××	小班	21	0	
20	王 ×	大班	21	0	
21	石××	大班	21	0	
24	苏 ×	大班	21	0	
25	任××	大班	21	0	
28	陈××	大班	21	0	

幼儿园12月学生出勤汇总表

图2-3-2 筛选出勤表

（3）利用图表分析各班的出勤情况（图2-3-3）。

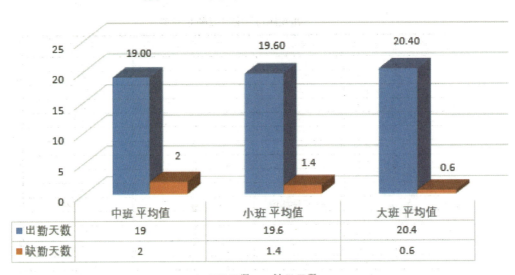

幼儿园12月学生出勤汇总表

	中班 平均值	小班 平均值	大班 平均值
出勤天数	19	19.6	20.4
缺勤天数	2	1.4	0.6

■出勤天数 ■缺勤天数

图2-3-3 三维柱形图

排版要求

学习目标

1.理解并掌握排序、筛选和分类汇总的概念和原理，以应对不同场景下的数据处理需求。

2.会根据需求对表格内容进行准确的排序，以便更好地分析和呈现数据。

3.能够根据特定的条件或标准，从大量数据中筛选出符合要求的信息。

4.会根据需要对数据进行分类，并对各类数据进行汇总分析，以揭示数据的内在规律

和特征。

5. 会根据表格数据制作各种图表（如柱状图、折线图、饼图等），以直观地展示数据之间的关系和趋势。

6. 注重规范性和美观性，培养审美能力和创新思维。

7. 培养学生的团队合作精神和沟通能力。

技术分析

➤ 通过"排序"对话框，可以按指定列对数据区域进行排序。

➤ 通过"分类汇总"对话框，可以对数据进行一级或多级分类汇总，并为每个分类计算汇总数据（如求和、平均值、计数等）。

➤ 通过"图表"选项组中"图表类型"按钮，可以快速地创建图表，如柱形图、折线图、饼图等，用于可视化数据。

➤ 通过"编辑数据系列"对话框，可以在已经创建好的图表中添加相关的数据。

➤ 通过"图表设计"选项卡中的相关命令，可以重新选择图表的数据、更换图表布局、对图表进行格式化处理等。

学习准备

（1）扫码观看微课进行预习。

（2）扫码自学课前知识准备。

（3）扫码完成工作页的引导问题。

微课　　　　知识准备　　　　工作页

任务实施

1. 对数据进行排序

老师汇总 12 月学生出勤表信息（图 2-3-4）时，发现小班的王美玉小朋友的信息放在了最后一条，需要将此条信息放到相应的班级处，怎么处理信息？

操作演示

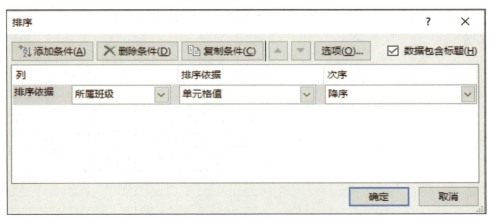

幼儿园12月学生出勤汇总表

序号	学生姓名	所属班级	出勤天数	缺勤天数	请假原因
1	吉××	小班	21	0	
2	王××	小班	19	2	事假
3	安××	小班	20	1	腹泻
4	付××	小班	18	3	发烧生病
5	赵××	小班	19	2	腹泻
6	刘　×	小班	21	0	
7	温××	小班	18	3	过敏、其他
8	郑××	小班	21	0	
9	苏××	小班	19	2	感冒
10	杨　×	中班	20	1	事假
11	陈××	中班	20	1	感冒
12	张××	中班	18	3	感冒
13	程××	中班	20	1	事假
14	刘××	中班	18	3	感冒
15	王××	中班	16	5	发烧生病
16	姜××	中班	21	0	
17	张××	中班	17	4	发烧生病
18	李××	中班	21	0	
19	吴　×	中班	19	2	腹泻
20	王　×	大班	21	0	
21	石××	大班	21	0	
22	刘　×	大班	20	1	事假
23	王××	大班	20	1	事假
24	苏　×	大班	21	0	
25	任××	大班	21	0	
26	尹　×	大班	19	2	感冒
27	孙　×	大班	20	1	感冒
28	陈××	大班	21	0	
29	郭××	大班	20	1	感冒
30	王××	小班	20	1	感冒、家庭原因

图 2-3-4　12月学生出勤汇总表原表

（1）在工作表"幼儿园12月学生出勤汇总表"中单击数据区域的任意单元格，然后切换到"数据"选项卡，单击"排序和筛选"选项组中的"排序"按钮或单击"开始"选项卡、"编辑"选项组的"排序和筛选"按钮，选择"自定义排序"功能，打开"排序"对话框，如图2-3-5所示。

图 2-3-5　"排序"对话框

（2）将"排序依据"下拉列表框设置为"所属班级"，将"次序"下拉列表框设置为"降序"，单击"确定"按钮，完成排序，如图2-3-6所示。

	A	B	C	D	E	F
1	幼儿园12月学生出勤汇总表					
2	序号	学生姓名	所属班级	出勤天数	缺勤天数	请假原因
3	10	杨　×	中班	20	1	事假
4	11	陈××	中班	20	1	感冒
5	12	张××	中班	18	3	感冒
6	13	程××	中班	20	1	事假
7	14	刘××	中班	18	3	感冒
8	15	王××	中班	16	5	发烧生病
9	16	姜××	中班	21	0	
10	17	张××	中班	17	4	发烧生病
11	18	李××	中班	21	0	
12	19	吴　×	中班	19	2	腹泻
13	1	吉××	小班	21	0	
14	2	王××	小班	19	2	事假
15	3	安××	小班	20	1	腹泻
16	4	付××	小班	18	3	发烧生病
17	5	赵××	小班	19	2	腹泻
18	6	刘　×	小班	21	0	
19	7	温××	小班	18	3	过敏、其他
20	8	郑××	小班	21	0	
21	9	苏××	小班	19	2	感冒
22	30	王××	小班	20	1	感冒、家庭原因
23	20	王　×	大班	21	0	
24	21	石××	大班	21	0	
25	22	刘　×	大班	20	1	事假
26	23	王××	大班	20	1	事假
27	24	苏　×	大班	21	0	
28	25	任××	大班	21	0	
29	26	尹　×	大班	19	2	感冒
30	27	孙　×	大班	20	1	感冒
31	28	陈××	大班	21	0	
32	29	郭××	大班	20	1	感冒

图 2-3-6　排序效果

2. 筛选学生出勤情况

根据 12 月份学生出勤汇总表，如何筛选出全勤天数为 21 天的全勤小明星呢？具体的操作步骤如下：

（1）将光标移至数据区域中，切换到"数据"选项卡，单击"排序和筛选"选项组中的"筛选"按钮或单击"开始"选项卡、"编辑"选项组的"排序和筛选"，选择"筛选"功能，这时工作表每列的标题下方都出现一个倒三角按钮，如图2-3-7 所示。

（2）单击"缺勤天数"标题的倒三角按钮，在下拉菜单中选择"缺勤天数"为 0 天的信息，筛选后显示全勤小明星，如图 2-3-8、图 2-3-9所示。

	A	B	C	D	E	F
1	幼儿园12月学生出勤汇总表					
2	序号 ▾	学生姓 ▾	所属班 ▾	出勤天 ▾	缺勤天 ▾	请假原因 ▾
3	10	杨　×	中班	20	1	事假
4	11	陈××	中班	20	1	感冒
5	12	张××	中班	18	3	感冒
6	13	程××	中班	20	1	事假
7	14	刘××	中班	18	3	感冒
8	15	王××	中班	16	5	发烧生病
9	16	姜××	中班	21	0	
10	17	张××	中班	17	4	发烧生病
11	18	李××	中班	21	0	
12	19	吴　×	中班	19	2	腹泻
13	1	吉××	小班	21	0	
14	2	王××	小班	19	2	事假
15	3	安××	小班	20	1	腹泻
16	4	付××	小班	18	3	发烧生病
17	5	赵××	小班	19	2	腹泻
18	6	刘　×	小班	21	0	
19	7	温××	小班	18	3	过敏、其他
20	8	郑××	小班	21	0	
21	9	苏××	小班	19	2	感冒
22	30	王××	小班	20	1	感冒、家庭原因
23	20	王　×	大班	21	0	
24	21	石××	大班	21	0	
25	22	刘　×	大班	20	1	事假
26	23	王××	大班	20	1	事假
27	24	苏　×	大班	21	0	
28	25	任××	大班	21	0	
29	26	尹　×	大班	19	2	感冒
30	27	孙　×	大班	20	1	感冒
31	28	陈××	大班	21	0	
32	29	郭××	大班	20	1	感冒

图 2-3-7　开启"筛选"功能

图 2-3-8 "筛选"对话框

图 2-3-9 筛选全勤宝宝名单

3. 建立班级出勤的分类汇总

哪个班级的出勤率最高呢？这就要对 12 月份学生出勤汇总表进行分类汇总，具体的操作步骤如下：

（1）对数据进行排序。

在按照所属班级字段分类汇总之前，首先要使用其对数据区域排序。

①在工作表"幼儿园 12 月学生出勤汇总表"中单击数据区域的任意单元格，然后切换到"数据"选项卡，单击"排序和筛选"选项组中的"排序"，打开"排序"对话框。

②将"排序依据"下拉列表框设置为"所属班级"，将"次序"下拉列表框设置为"降序"，单击"确定"按钮，完成排序，使得同一班级的信息排序到一起显示。

（2）对数据进行分类汇总。

①将光标置于数据区域中，单击"数据"选项卡、"分级显示"选项组中的"分类汇总"，打开"分类汇总"对话框。

②在"分类汇总"对话框中，将"分类字段"下拉列表框设置为"所属班级"，将"汇总方式"下拉列表框设置为"平均值"，在"选定汇总项"列表框中选择"出勤天数"和"缺勤天数"两项，如图 2-3-10 所示。

单击"确定"按钮，完成按所属班级的"出勤天数"和"缺勤天数"平均值的分类汇总数据，结果如图 2-3-11 所示。

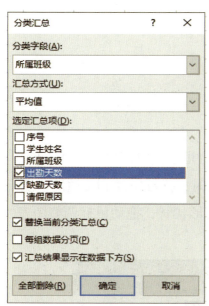

图 2-3-10　"分类汇总"对话框

序号	学生姓名	所属班级	出勤天数	缺勤天数	请假原因
		幼儿园12月学生出勤汇总表			
10	杨　×	中班	20	1	事假
11	陈××	中班	20	1	感冒
12	张××	中班	18	3	感冒
13	程××	中班	20	1	事假
14	刘××	中班	18	3	感冒
15	王××	中班	16	5	发烧生病
16	姜××	中班	21	0	
17	张××	中班	17	4	发烧生病
18	李××	中班	21	0	
19	吴　×	中班	19	2	腹泻
		中班 平均值	19	2	
1	吉××	小班	21	0	
2	王××	小班	19	2	事假
3	安××	小班	20	1	腹泻
4	付××	小班	18	3	发烧生病
5	赵××	小班	19	2	腹泻
6	刘　×	小班	21	0	
7	温××	小班	18	3	过敏、其他
8	郑××	小班	21	0	
9	苏××	小班	19	2	感冒
30	王××	小班	20	1	感冒、家庭原因
		小班 平均值	19.6	1.4	
20	王　×	大班	21	0	
21	石××	大班	21	0	
22	刘　×	大班	20	1	事假
23	王××	大班	20	1	事假
24	苏　×	大班	21	0	
25	任××	大班	21	0	
26	尹　×	大班	19	2	感冒
27	孙　×	大班	20	1	感冒
28	陈××	大班	21	0	
29	郭××	大班	20	1	感冒
		大班 平均值	20.4	0.6	
		总计平均值	20	1	

图 2-3-11　分类汇总结果

4. 制作幼儿园 12 月份班级出勤汇总图表

（1）创建班级出勤汇总图表。

①做出分类汇总表后，在数据区域的行号左侧出现了一些层次按钮，这是分级显示按钮，用鼠标点三个班级的分级显示按钮，得出三个班级的平均出勤表，如图 2-3-12 所示。

序号	学生姓名	所属班级	出勤天数	缺勤天数	请假原因
		幼儿园12月学生出勤汇总表			
		中班 平均值	19	2	
		小班 平均值	19.6	1.4	
		大班 平均值	20.4	0.6	

图 2-3-12　分级显示分类汇总表

②选中数据中班、小班、大班的出勤天数和缺勤天数的平均值，切换到"插入"选项卡，单击"图表"选项组中的"柱形图"，在弹出的下拉列表中选择"三维簇状柱形图"选项，图表创建完成，如图 2-3-13 所示。

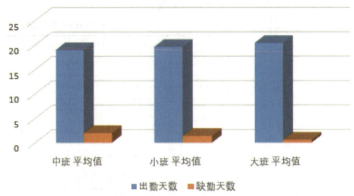

图 2-3-13 初步制作班级出勤汇总图表

（2）设置图表样式。

为了使图表美观，需要对默认创建的图表进行样式设置。

①单击图表中的文字"图表标题"，重新输入标题文本"幼儿园 12 月班级出勤汇总表"。

②将鼠标移至图表的边框上，当指针形状变为十字形箭头时，拖动图表到合适的位置。

③将鼠标移至图表边框的控制点上，当指针变为双向箭头形状时，拖动鼠标调整图表的大小，结果如图 2-3-14 所示。

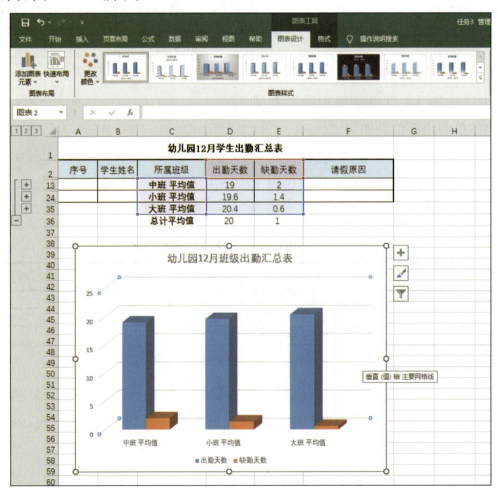

图 2-3-14 设置样式后的图表

（3）修改图表内容。

①添加数据标签。数据标签是显示在数据系列上的数据标记。用户可以为图表中的数据系列、单个数据点或者所有数据点添加数据标签，添加的标签类型由选定数据点相连的图表类型决定。如果要添加数据标签，具体操作步骤如下：

◆单击图表区，切换到"设计"选项卡，在"图表布局"选项组中单击"添加图表元素"按钮。

◆在弹出的下拉菜单中选择"数据标签"级联菜单。从其子菜单中选择添加数据标签的位置，效果如图 2-3-15、图 2-3-16 所示。

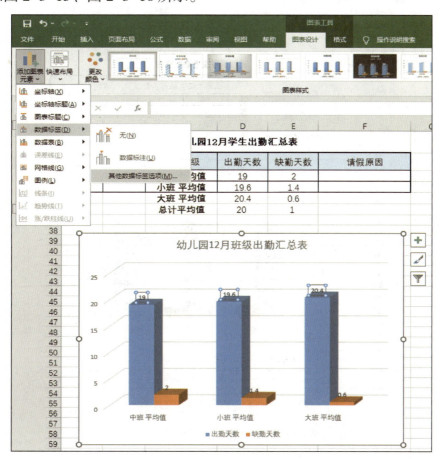

图 2-3-15　如何添加数据标签

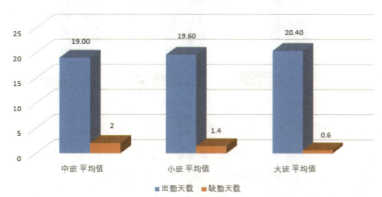

图 2-3-16　添加完数据标签图表

②显示模拟运算表，模拟运算表是显示在图表下方的网格，其中有每个数据系列的值。如果要在表中显示模拟运算表，操作步骤如下：

◆单击图表，切换到"设计"选项卡，在"图表布局"选项组中单击"添加图表元素"。

◆在弹出的下拉菜单中选择"数据表"级联菜单，从其子菜单中选择一种放置模拟运算表的方式，效果如图 2-3-17、图 2-3-18 所示。

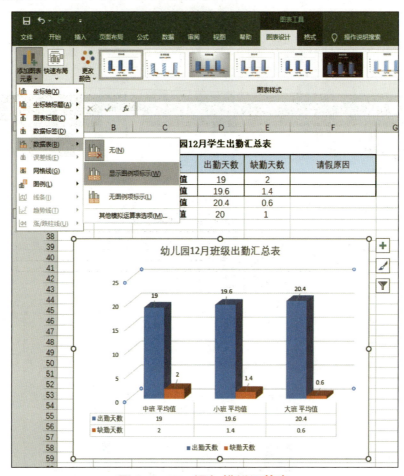

图 2-3-17　添加模拟运算表

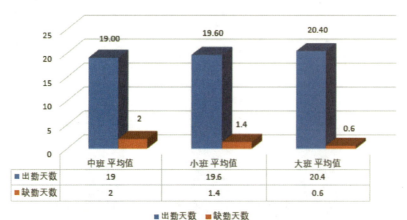

图 2-3-18　显示模拟运算表

◆单击"确定"按钮，完成对图表的更改操作。

 **任务评价**

任务评价表

考核内容	考核标准	分值 100	学生自评 10%	组内互评 30%	组间互评 30%	教师评价 30%
精神面貌	课前准备足，课上精神佳，发言清亮，兴趣浓	10				
任务评价	实现排序功能	12				
	使用分类汇总操作	12				
	会创建图表	12				
	编辑数据系列	12				
	会编辑"图表设计"选项	12				
参与程度	学习时长持久，积极发现问题并清晰表达；善于倾听评价，思考创新；小组合作交流顺畅	10				
参与效果	学习品质坚实，自主习惯养成，问题意识敏锐，合作竞争共赢	10				
反思总结	拓展深入，笔记详尽，总结反思到位	10				

 拓展训练

　　扫码下载原文件，某图书销售公司要进行销售排名评比，现有某图书销售公司销售情况表，表头包括经销部、图书类别、季度、数量、销售额、销售排名这些项目，要对数据表进行筛选、排序、汇总并制作出图表进行汇报，完成如下操作要求。

某图书销售公司销售情况表

　　（1）按主要关键字经销部门，递增次序和次要关键字季度递增顺序进行排序。

　　（2）对排序后的数据进行自动筛条件销售额大于或等于 10 000（元）。

　　（3）按图书类别进行分类汇总对销售额。

　　（4）按照分类汇总的数据做出折线图。

任务4　批量制作表彰证书

任务描述

　　幼儿园阶段对孩子们的成长和发展起着至关重要的作用。为了鼓励孩子们积极参加活动、促进他们的全面发展和培养良好的品质，幼儿园设置了各种奖项。孙佳老师负责定期汇总小朋友的表彰数据，制作表彰证书，为各班主任表彰小朋友做好前期准备工作。她是怎么做到的呢？原来她利用邮件合并功能，使用数据源和模板，轻松地将每个孩子的姓名、表彰内容等信息插入证书中，实现批量生成，还为孩子们提供更加专业和个性化的表彰体验，如图 2-4-1~ 图 2-4-4 所示。

图 2-4-1　表彰证书模板

图 2-4-2　插入合并域后模板显示效果

图 2-4-3　邮件合并预览效果

图 2-4-4　邮件合并生成部分文档效果

排版要求

学习目标

1. 了解邮件合并的基本概念和原理。

2. 会邮件合并的操作流程和方法。

3. 能够熟练地使用邮件合并功能。

4. 了解邮件合并的优缺点和适用场景。

5. 培养学生具备良好的数据分析能力和文档编写能力。

6. 注重细节和格式，确保邮件合并后的质量和美观度。

7. 培养学生遵守相关法律法规和道德规范，保护个人隐私和信息安全。

技术分析

➢ 建立以电子表格为主的数据源。

➢ 设计与数据源信息相匹配的 Word 模板。

➢ 使用邮件合并操作批量生产文档。

学习准备

（1）扫码观看微课进行预习。

（2）扫码自学课前知识准备。

（3）扫码完成工作页的引导问题。

微课　　　知识准备　　　工作页

 任务实施

邮件合并是一种常用的办公软件功能，它可以帮助用户将一组数据与一个模板合并，生成一系列个性化的文档。

操作演示

1. 准备数据源

整理一个包含所有被表彰小朋友信息的数据源。通常是一个电子表格，其中包含每个小朋友的姓名、班级和奖项等信息。

打开名为"表彰数据"的工作簿，找到名为"11月获奖统计表"的工作表，如图 2-4-5 所示。

	A	B	C	D
1	序号	姓名	班级	奖项
2	1	吉××	红一班	全勤宝宝奖
3	2	吉××	红一班	最佳表现奖
4	3	王××	红一班	最佳表现奖
5	4	安××	红一班	创造奖
6	5	付××	红一班	进步奖
7	6	赵××	红一班	最佳表现奖
8	7	刘 ×	红一班	全勤宝宝奖
9	8	温××	红一班	全勤宝宝奖
10	9	郑××	红一班	全勤宝宝奖
11	10	郑××	红一班	礼貌奖
12	11	苏××	红一班	礼貌奖
13	12	杨 ×	黄一班	进步奖
14	13	陈××	黄一班	全勤宝宝奖
15	14	陈××	黄一班	最佳表现奖
16	15	张××	黄一班	创造奖
17	16	程××	黄一班	进步奖
18	17	刘××	黄一班	全勤宝宝奖
19	18	王××	黄一班	最佳表现奖
20	19	姜××	黄一班	全勤宝宝奖
21	20	张××	黄一班	全勤宝宝奖
22	21	李××	黄一班	全勤宝宝奖

9月获奖统计表　10月获奖统计表　**11月获奖统计表**

图 2-4-5　建立数据源

2. 设计表彰证书模板

在 Word 2016 软件中创建一个新的空白文档作为证书模板。在文档中输入证书模板的内容，并使用文本占位符（例如"{班级}""{姓名}""{奖项}"）来指示需要动态替换的数据。这些占位符将在邮件合并过程中被实际数据替换（备注：替换是指删除占位符，选择插入域），如图 2-4-6 所示。

【提示】设计证书模板的布局和格式，确保文本和元素的对齐、字体、颜色等符合要求。

图 2-4-6　表彰证书模板

3. 启动邮件合并

（1）选择文档类型。

打开名为"表彰证书模板"的 Word 文档，单击"邮件"选项卡、"开始邮件合并"选项组的"开始邮件合并"下拉菜单列表的"邮件合并分步向导"命令，选择"信函"文档类型。

【提示】在利用邮件合并制作表彰证书时，应该选择"信函"文档类型。邮件合并功能主要应用于创建个性化的信函、电子邮件、信封等，因此选择"信函"可以更好地满足制作表彰证书的需求。其他文档类型如"电子邮件""信封""标签"和"目录"并不适用于表彰证书的制作。

（2）选择开始文档。

单击"下一步：开始文档"，选择使用当前文档设置信函，如图 2-4-7 所示；然后单击"下一步：选择收件人"，再单击"下一步：撰写信函"，如图 2-4-8 所示。

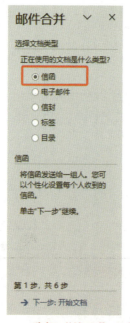

图 2-4-7　选择"信函"文件类型

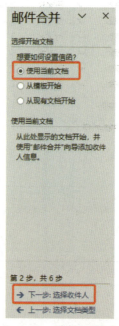

图 2-4-8　选择开始文档

【提示】

"使用当前文档"：使用当前已经打开的文档作为主文档进行邮件合并操作。可以在同一个文档中完成邮件合并的所有步骤，使用当前文档作为开始文档可以方便地实现邮件合并操作，无须创建新的文档。

"从模板开始"：将从一个模板文档开始进行邮件合并操作。Word将提供一些预设的模板供您选择，可以选择一个适合的模板作为主文档。通过模板，您可以快速创建具有标准格式的邮件，并使用邮件合并功能来插入收件人信息和其他内容。

"从现有文档开始"：将使用一个已经存在的文档作为主文档进行邮件合并操作。从现有文档开始可以方便地实现邮件合并操作，但需要确保现有文档的格式和内容符合要求。

需要注意的是，选择不同的开始文档选项可能会影响后续的邮件合并步骤和操作。根据您具体的需求和场景，选择合适的开始文档选项，可以更好地利用邮件合并功能来提高工作效率和准确性。

（3）选择收件人。

选择收件人即选择或创建数据源，数据源中包含了合并文档中各不相同的数据，若使用已有的数据源，可以单击"浏览"按钮来选择数据源，在弹出的对话框中选择数据源，如图2-4-9所示。

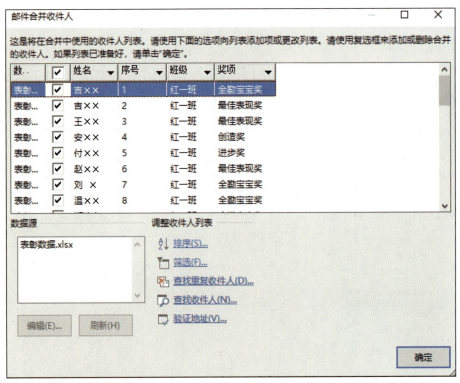

图2-4-9 通过"浏览"按钮选择已有数据源

（4）撰写信函（图2-4-10、图2-4-11）。

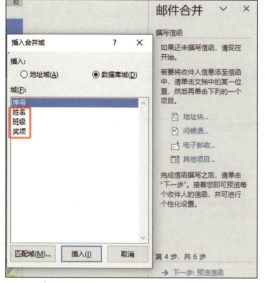

图2-4-10　删除占位符，插入合并域　　　　　图2-4-11　插入合并域后模板显示效果

（5）预览信函。

单击 此处的"上一记录"和"下一记录"按钮，可以实现合并后的一封信函的预览；若某一封不要某个收件人时，按"排除此收件人"按钮，即删除一份合并后的信函，如图2-4-12所示。

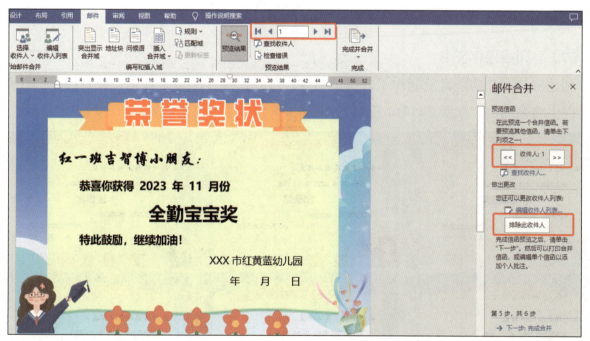

图2-4-12　预览或删除信函

（6）完成合并。

单击"邮件"选项卡、"完成"选项组"完成并合并"下拉列表，选择"编辑单个文档"命令，或在右侧显示的"邮件合并分步向导"栏直接单击"编辑单个信函"，打开"合并新文档"对话框，选择合并记录，程序会自动将数据源中的每一行数据应用到模板上，将合并

文档汇集到一个新的文档中，以便审阅、编辑或打印，如图 2-4-13 所示。

【提示】如果有任何错误或需要修改，可以返回修改模板或数据源，然后重新进行合并。

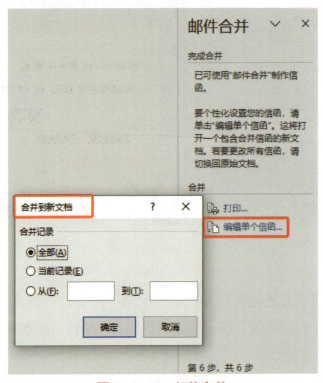

图 2-4-13　邮件合并

（7）打印或保存证书。

利用邮件合并功能批量制作了表彰证书后，可以选择打印每个证书，或者将它们保存为文档以供将来使用，如图 2-4-14 所示。

图 2-4-14　批量生成部分证书效果

【提示】具体步骤可能会根据你使用的软件版本和具体需求有所不同。

任务评价

任务评价表

考核内容	考核标准	分值 100	学生自评 10%	组内互评 30%	组间互评 30%	教师评价 30%
精神面貌	课前准备足，课上精神佳，发言清亮，兴趣浓	10				
任务评价	选择文档类型	12				
	选择开始文档或模板	12				
	选取收件人	12				
	撰写信函及预览信函	12				
	邮件合并	12				
参与程度	学习时长持久，积极发现问题并清晰表达；善于倾听评价，思考创新；小组合作交流顺畅	10				
参与效果	学习品质坚实，自主习惯养成，问题意识敏锐，合作竞争共赢	10				
反思总结	拓展深入，笔记详尽，总结反思到位	10				

拓展训练

制作学生成绩单。

扫码下载名为"学生成绩单模板"的 Word 文件和名为"学前 2105 班学生成绩 .xlsx"的 Excel 文件。

学生成绩表

操作要求：

（1）以"学生成绩单模板 .docx"文件为主文档，以"学前 2105 班学生成绩 .xlsx"为数据源，完成邮件合并，批量制作学生成绩单。

（2）学生自己设计学生成绩单模板，制作简单大方的成绩单，模板页面设置不做要求，大家根据需要灵活设置。

项目三 演示文稿的处理技术与应用

项目描述

　　学前教育系的学生们要毕业了，红黄蓝幼儿园在招聘老师的时候提出要应聘的老师需具备一定的演示文稿处理能力，在工作总结、培训教学、幼儿课堂等场合中会使用演示文稿。丰富多彩的演示文稿能吸引观看者的兴趣。在去幼儿园实习前期，需要掌握基本的演示文稿的文字格式、段落格式的设置方法，会基本的演示文稿的创建、保存、打印等，会美化演示文稿，会演示文稿的动画设置。完成这样的要求就要学会 PowerPoint 软件。玩转 PowerPoint 软件就可以创建高品质的演示文稿。

学习目标

【知识目标】

1. 了解 PowerPoint 的基本功能，掌握演示文稿的几种创建方式。

2. 了解 PowerPoint 视图的使用，掌握幻灯片制作的一般方法。

3. 熟练进行幻灯片的移动、复制、删除等操作。

4. 在幻灯片中插入图片、图表、声音、视频等不同对象。

5. 会设置演示文稿的动画效果。

6. 会设置演示文稿的放映效果，能够对演示文稿进行放映。

7. 了解演示文稿的打包、解包和打印的操作方法。

8. 打印预览和打印操作的相关设置。

【能力目标】

1. 能利用 PowerPoint 软件设计大型演示文稿。

2. 培养学生图文结合的搭配能力和审美能力，提高制作演示文稿的能力和技巧。

3. 培养学生的创新能力、合作能力和解决问题的能力。

【素养目标】

1. 培养学生适应时代发展步伐，合理选择适用的素材、选取方便快捷的工具，增强生活、生产中问题解决的信息意识。

2. 引导学生掌握使用演示文稿呈现信息的方案与设计思路，通过实践操作强化计算思维的训练。

3. 培养学生的数字化学习与创新能力。

4. 培养学生学习过程中秉承精益求精的工匠精神，传递积极向上的正能量，强化学生的信息社会责任感。

**项目导读**

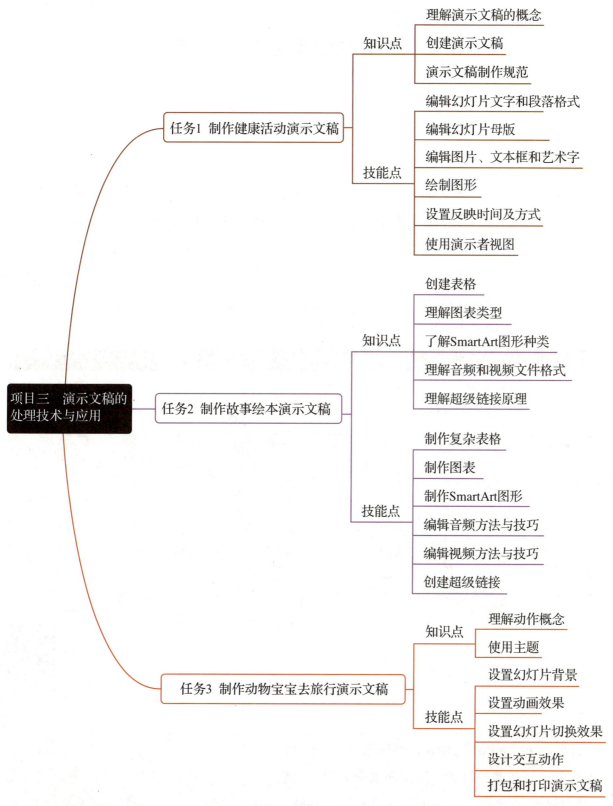

项目三　演示文稿的处理技术与应用

- 任务1　制作健康活动演示文稿
  - 知识点
    - 理解演示文稿的概念
    - 创建演示文稿
    - 演示文稿制作规范
  - 技能点
    - 编辑幻灯片文字和段落格式
    - 编辑幻灯片母版
    - 编辑图片、文本框和艺术字
    - 绘制图形
    - 设置反映时间及方式
    - 使用演示者视图

- 任务2　制作故事绘本演示文稿
  - 知识点
    - 创建表格
    - 理解图表类型
    - 了解SmartArt图形种类
    - 理解音频和视频文件格式
    - 理解超级链接原理
  - 技能点
    - 制作复杂表格
    - 制作图表
    - 制作SmartArt图形
    - 编辑音频方法与技巧
    - 编辑视频方法与技巧
    - 创建超级链接

- 任务3　制作动物宝宝去旅行演示文稿
  - 知识点
    - 理解动作概念
    - 使用主题
  - 技能点
    - 设置幻灯片背景
    - 设置动画效果
    - 设置幻灯片切换效果
    - 设计交互动作
    - 打包和打印演示文稿

本项目将通过 3 个任务，来学习演示文稿的处理技术与应用。

任务1 制作健康活动演示文稿

 任务描述

　　红黄蓝幼儿园小粉班开园一周了，班主任张静老师准备给小朋友们讲一讲如何正确洗手。她要告诉小朋友们怎样洗手才能将细菌减少到最低程度，抑制微生物的快速再生。为了让小朋友们更容易理解和记住洗手的方法，张老师决定将如何洗手的内容制作成演示文稿。演示文稿详细介绍七步洗手方法，每一步都配有生动的图片和简洁的文字说明，确保内容既易懂又有趣。张老师将这些知识制作成演示文稿，小朋友们就能够轻松地学会正确的洗手方法，从而培养良好的卫生习惯，如图 3-1-1 所示。

图 3-1-1　健康活动《洗手啦》演示文稿效果

排版要求

 **学习目标**

　　1. 掌握 PowerPoint 2016 软件的基本界面和功能。

　　2. 新建、保存、打开、删除和重命名演示文稿。

　　3. 会幻灯片的新建、插入、保存和删除操作。

　　4. 会插入图片和编辑图片。

　　5. 会灵活应用形状和编辑形状。

6.会使用幻灯片母版并灵活编辑母版操作。

7.培养学生插入形状并进行设置的能力。

8.在训练过程中，让学生了解幼儿教师的职业素养，并强化安全意识。

9.鼓励学生规范设计，提升审美能力和创新能力。

 技术分析

➤ 通过"新建幻灯片"下拉菜单中的命令，可以在演示文稿中添加多种版式的幻灯片。

➤ 通过"文件"选项卡中的"新建""保存""另存为"按钮对演示文稿进行新建、保存。

➤ 通过"视图"选项卡的"演示文稿视图"选项组中的按钮，可以在不同的视图模式中对幻灯片进行处理。

➤ 通过"视图"选项卡的"母版视图"选项组中的"幻灯片母版"按钮，实现多样化的设计效果。

➤ 通过"开始"选项卡的"字体、段落"选项组中的按钮或打开对话框，可以对字体、字符间距及段落格式进行设置和美化。

 学习准备

（1）扫码观看微课进行预习。

（2）扫码自学课前知识准备。

（3）扫码完成工作页的引导问题。

微课　　　知识准备　　　工作页

 任务实施

1.新建演示文稿

单击"开始"按钮，选择"Microsoft Office 2016"—"PowerPoint 2016"命令，启动 PowerPoint 2016，建立演示文稿。也可以双击 PowerPoint 软件图标，即可打开一个 PowerPoint 2016 演示文稿。选择"空白演示文稿"创建第一张幻灯片，如图 3-1-2 所示。将此演示文稿保存为"健康活动《洗手啦》演示文稿.pptx"。

操作演示

图 3-1-2　新建演示文稿

2. 新建幻灯片

单击"插入"选项卡"幻灯片"组的"新建幻灯片"按钮，在下拉列表中选择合适的版式，如"标题和内容"，新建幻灯片，如图 3-1-3 所示。也可以通过直接复制已有幻灯片添加新的幻灯片，在幻灯片中修改相应内容即可。根据作品要求新建多张幻灯片，本参考案例幻灯片张数为 17 张。

3. 页面设置

打开"设计"选项卡，单击"自定义"选项组"幻灯片大小"下拉列表设置幻灯片的尺寸。可以根据制作幻灯片的需要设置页面为标准、宽屏 16：9 或者是自定义幻灯片大小，如图 3-1-4 所示。本任务幻灯片大小为"宽屏"。

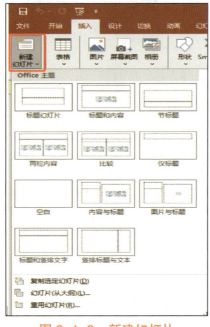

图 3-1-3　新建幻灯片

图 3-1-4　页面设置

4. 母版设置

单击"视图"选项卡"母版视图"选项组中的"幻灯片母版"按钮，设置幻灯片母版，如图 3-1-5 所示；单击"插入"选项卡"图像"选项组中的"图片"按钮，选择"此设备（D）"，如图 3-1-6 所示；插入素材图片，关闭母版即可，如图 3-1-7 所示。

图 3-1-5　设置幻灯片母版

图 3-1-6　设置母版图片

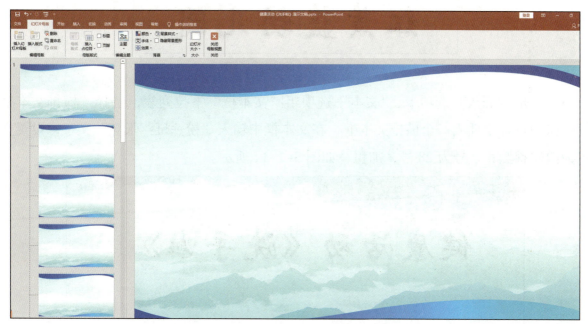

图 3-1-7　母版效果

5. 字体格式

在 PowerPoint 2016 软件中，通过"开始"选项卡"字体"选项组进行字体格式设置，如图 3-1-8 所示。

图 3-1-8　"字体"选项组

（1）设置第一张幻灯片字体格式。

单击"单击此处添加标题"占位符，在光标处输入文字"健康活动《洗手啦》。然后按〈Ctrl+A〉组合键将文字选中，在"开始"选项卡的"字体"选项组中单击"字体"下拉

列表，设置字体为"华文新魏"，在"字号"下拉列表中输入字号为"82号"，加文字阴影，如图3-1-9所示。

健康活动《洗手啦》

图 3-1-9　标题效果

（2）单击幻灯片中的"单击此处添加副标题"占位符，输入文字"红黄蓝幼儿园"，然后选中文字，在"开始"选项卡的"字体"选项组中单击"字体"下拉列表，设置字体为"华文新魏"，在"字号"下拉列表中输入字号为"60号"，加文字阴影，如图3-1-10所示。

红黄蓝幼儿园

图 3-1-10　副标题效果

（3）单击"插入"选项卡、"文本"选项组"文本框"下拉列表，选择"横排文本框"，在第一张幻灯片中插入一个横排文本框，在文本框中输入"粉一班：张静"文字，设置文字字体为微软雅黑，字号为28号，加粗，如图3-1-11所示。

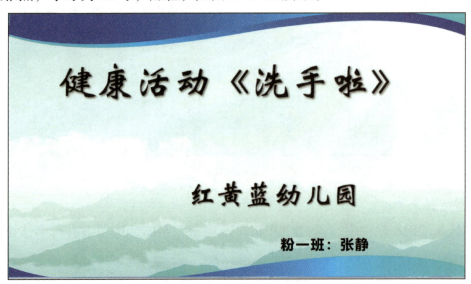

图 3-1-11　设置字体格式

【提示】拖动文本占位符周围出现的控制点，可移动文字的位置或者角度。

（4）设置字符间距。

为了适当拉开字与字之间的距离，选中"健康活动《洗手啦》"设置字符间距，单击"开始"选项卡、"字体"选项组的向下箭头，在弹出的字体对话框中选择"字符间距"选项卡，将字符间距设置为12磅，如图3-1-12所示。

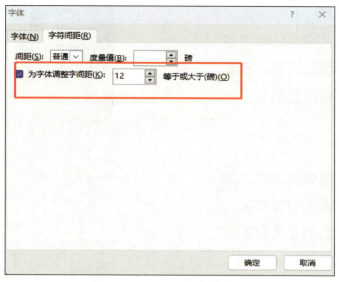

图 3-1-12　设置字符间距

（5）根据以上介绍的操作方法，在 2~17 张幻灯片中输入相关的文字，并设置文字格式。

6. 段落格式设置

选择需要设置格式的段落，单击"开始"选项卡、"段落"选项组中相关的按钮或单击"开始"选项卡"段落"选项组中的向下箭头，打开"段落"对话框，可以设置段落的格式，如图 3-1-13 所示。

图 3-1-13　"段落"选项组

可以设置对齐方式、间距、行距、首行缩进、项目符号和编著号、文字方向等。以第六张幻灯片为例，选中文字，单击"开始"选项卡、"段落"选项组中的向下箭头，打开段落对话框，设置段落对齐方式为"左对齐"，段前段后均为"0 磅"，行距为"固定值 30 磅"，如图 3-1-14 所示。根据以上操作步骤，设置 17 张幻灯片的段落格式效果，如图 3-1-15 所示。

图 3-1-14　设置段落格式

图 3-1-15　设置段落效果

7.插入并编辑形状

（1）单击"插入"选项卡、"插图"选项组中的"形状"按钮，打开下拉列表，选择插入相应的形状，如图3–1–16所示。

（2）编辑形状。

编辑形状颜色、轮廓及效果，如图3–1–17所示。以首页幻灯片中插入七个相同大小的矩形为例并填充不同的颜色，整体效果如图3–1–18所示。用相同的方法制作第二张目录效果，如图3–1–19所示。利用形状效果美化幻灯片局部效果，如第四张幻灯片，如图3–1–20所示。

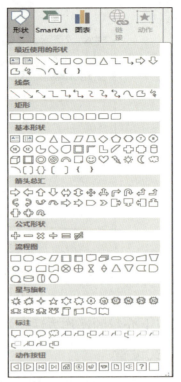

图 3–1–16　插入形状

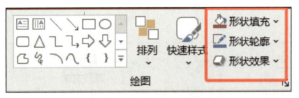

图 3–1–17　编辑形状

图 3–1–18　利用形状做出的效果

图 3–1–19　利用形状制作目录效果

图 3-1-20　利用形状效果美化幻灯片局部效果

8.图片格式设置

（1）插入图片。

选择第一张幻灯片，单击"插入"选项卡"图像"选项组中的图片按钮，打开下拉列表，如图 3-1-21 所示；选择"此设备"命令，选择图片素材，插入幻灯片中，调整图片位置和大小，如图 3-1-22 所示。

图 3-1-21　插入图片

图 3-1-22　插入素材图片效果

【提示】在幻灯片中也可以插入动态图，插入方法和插入图片一样，如图 3-1-23 所示。

图 3-1-23　插入动态图片效果

（2）设置图片格式。

双击图片，在"图片格式"选项卡中设置图片的样式、边框、图片的效果及图片的版

式。也要对图片的颜色、艺术效果等进行调整，如图 3-1-24 所示。在第 4 张幻灯片中插入素材，设置图片样式均为映像圆角矩形，如图 3-1-25 所示。

图 3-1-24　设置图片格式

图 3-1-25　设置图片效果

（3）在其他幻灯片中丰富图片效果，插入合适的素材，并调整图片格式，通过图片效果衬托幻灯片主题。

9. 保存演示文稿

为防止文件丢失，要及时将文件保存。再次确认将演示文稿保存为"健康活动《洗手啦》演示文稿 .pptx"。

10. 观看演示文稿整体效果

制作完成演示文稿后，切换到"视图"选项卡，单击"幻灯片视图"选项组中的"幻灯片浏览"按钮，观看演示文稿的整体效果，如图 3-1-26 所示。

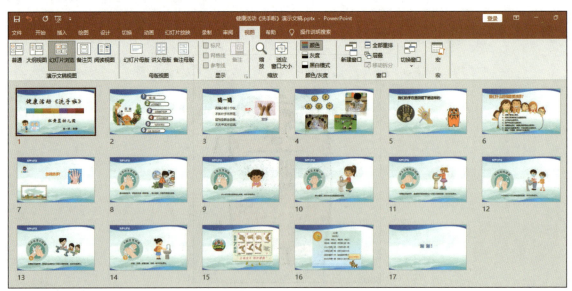

图 3-1-26　幻灯片整体效果

单击"幻灯片放映"选项卡、"开始反映幻灯片"选项组的"从头开始"按钮，即可播放幻灯片效果，如图 3-1-27 所示，展示第一张演示效果。

图 3-1-27　播放幻灯片效果

【提示】可以直接按键盘上功能键区的【F5】播放。

任务评价

任务评价表

考核内容	考核标准	分值 100	学生自评 10%	组内互评 30%	组间互评 30%	教师评价 30%
精神面貌	课前准备足，课上精神佳，发言清亮，兴趣浓	10				
任务评价	页面美观简洁，图文并茂	12				
	幻灯片页数不能少，过少不能体现主题	12				
	合理排版文字和段落效果	12				
	利用形状合理设计，美观大方	12				
	设置合理的图片样式	12				
参与程度	学习时长持久，积极发现问题并清晰表达；善于倾听评价，思考创新；小组合作交流顺畅	10				
参与效果	学习品质坚实，自主习惯养成，问题意识敏锐，合作竞争共赢	10				
反思总结	拓展深入，笔记详尽，总结反思到位	10				

拓展训练

制作"自我介绍"主题演示文稿。

操作要求：

（1）搜集素材，要求图片不能带有水印，不能出现网址链接。

（2）下载的素材要保存到名为"下载素材"的文件夹，以压缩包的形式上交。

（3）幻灯片有图文混排效果，内容合理、条理清晰。

（4）总页数不少于 15 页，页数过少不能体现主题。

（5）演示文稿至少含有标题页、目录页、内页、结束页。

（6）幻灯片的元素包含文字、图片、形状等。

任务2　制作故事绘本演示文稿

 任务描述

　　红黄蓝幼儿园小粉班的班主任张老师准备为孩子们讲述经典故事《小红帽》。尽管张老师已经制作了一个基础的"故事绘本《小红帽》"演示文稿，其中包含了清晰的故事情节，但她发现无论是单张幻灯片的细节还是整体效果，都还有很大的提升空间。为了帮助张老师更好地完善演示文稿，我们可以从文本内容、SmartArt图表、表格、图片以及整体效果等方面进行演示文稿的美化，使演示文稿更加生动有趣，能够吸引孩子们的兴趣并帮助他们更好地理解故事内容，演示文稿效果如图3-2-1所示。

图 3-2-1　故事绘本演示文稿效果

排版要求

 **学习目标**

　　1. 会在演示文稿中插入和编辑表格，包括调整行列、合并单元格等基本操作。

　　2. 会使用图表，理解不同类型的图表及其应用场景，并能够根据需要选择合适的图表进行数据展示。

　　3. 会 SmartArt 图形的插入与编辑，组织信息、呈现流程或结构。

　　4. 会音频与视频文件的插入技巧，熟悉在演示文稿中插入和播放音频、视频文件的方

法，以及相关的编辑技巧。

　　5. 会设置超级链接，实现幻灯片间的快速跳转或链接到外部资源，增强导航功能。

　　6. 会在演示文稿中创建超链接，实现页面间的快速跳转和资源的有效整合。

　　7. 培养学生的探索精神，鼓励学生在掌握基本技能的基础上，积极探索新的操作方法和技巧，以提高工作效率和创作质量。

　　8. 激发学生的创新思维，鼓励他们在制作演示文稿时融入个人风格和创意，打造独具特色的作品。

　　9. 提升学生的信息处理能力，通过制作演示文稿，学会从海量信息中筛选、整理关键内容，以图表、图像等形式进行清晰、有效的表达。

　　10. 增强团队协作与沟通能力，在制作演示文稿的过程中，学会与他人合作、分享资源，提升团队协作能力和沟通能力。

　　11. 培养审美能力，通过设计演示文稿模板和选择适当的图表、图片等元素，提高学生的审美能力和视觉表达能力。

技术分析

　　➤ 通过"插入"选项卡，添加表格和 SmartArt 图形，直观呈现复杂关系。

　　➤ 通过"插入"选项卡、"音频"和"视频"选项组，轻松嵌入音频和视频，增添多媒体元素。

　　➤ 通过"插入"选项卡、"图表"选项组，实现图表展示数据，提升文稿的专业性。

　　➤ 通过"插入"选项卡，设置超级链接，增强演示文稿导航功能。

学习准备

　　（1）扫码观看微课进行预习。
　　（2）扫码自学课前知识准备。
　　（3）扫码完成工作页的引导问题。

微课　　　　知识准备　　　工作页

任务实施

1. 新建演示文稿

　　单击"开始"按钮，选择"Microsoft Office 2016"—"PowerPoint 2016"命令，启动 PowerPoint 2016，建立演示文稿。也可以双击 PowerPoint 软件图标 ，打开一

操作演示

个 PowerPoint 2016 演示文稿。将文件保存为"故事绘本《小红帽》演示文稿 .pptx"。

2. 制作基础版"故事绘本《小红帽》演示文稿"

切换到"插入"选项卡，单击"幻灯片"选项组中的"新建幻灯片"按钮，插入新幻灯片，根据作品要求新建多张幻灯片，本参考案例幻灯片数为 27 张。设置幻灯片的大小为"宽屏"，根据之前所学知识在所有幻灯片中录入文字，插入图片、形状等素材，调整字体的格式，美化图片。按设计故事绘本的思路，对封面页、目录页、导航页和内页的幻灯片进行完善，适当调整图片和文字效果，如图 3-2-2~ 图 3-2-5 所示。

图 3-2-2　封面效果

图 3-2-3　目录页效果

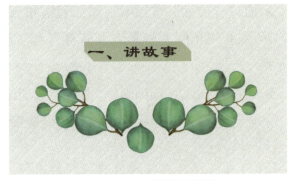

图 3-2-4　导航页效果

图 3-2-5　幻灯片内页效果

3. 插入超链接

（1）选择第 2 张目录页幻灯片，选中文字"讲故事"，切换到"插入"选项卡，单击"链接"选项组中的"链接"按钮，在弹出的"编辑超链接"对话框中找到"链接到"一栏，选择"本文档中的位置"，在"请选择文档中的位置"中选择"幻灯片 2"，单击"确定"按钮即可，如图 3-2-6 所示。

图 3-2-6 "编辑超链接"对话框

（2）用相同的方法为目录中"问一问""学道理""思考"加入超链接。本案例中，目录"问一问"链接到第 19 张幻灯片，目录"学道理"链接到第 21 张幻灯片，目录"思考"链接到第 23 张幻灯片，如图 3-2-7 所示。

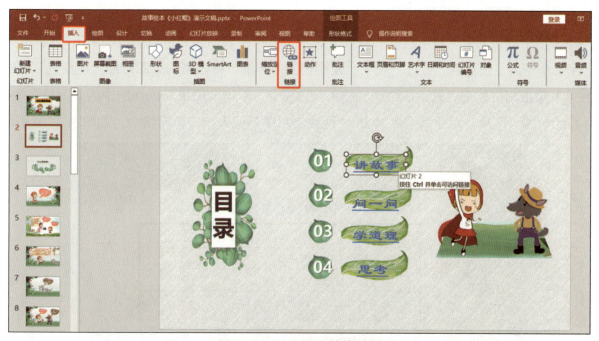

图 3-2-7 目录页整体效果

（3）在第 18、20、22 张幻灯片中，设置"返回"图片的超链接。选中图片，用相同的方法设置链接的位置为"本文档中的位置"中的"幻灯片 2"，如图 3-2-8 所示。

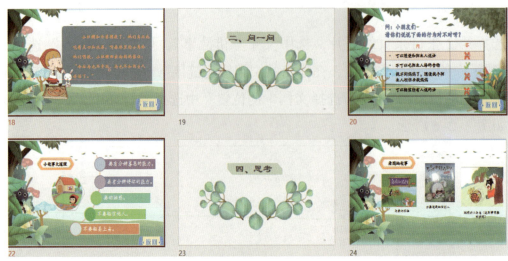

图 3-2-8 "返回"链接效果

4. 插入表格

（1）选择第 20 页幻灯片，切换到"插入"选项卡，单击"表格"选项组"表格"下拉列表，选择"插入表格"命令，在打开的"插入表格"对话框中将"列数"和"行数"分别设置为 2 列和 5 行，单击"确定"按钮，如图 3-2-9 所示。

（2）调整表格的行高和列宽，将鼠标移至表格内某条线上，当指针出现空心上下或左右箭头形状，可用拖动鼠标调整行高或列宽。接着在表格里输入文字内容，然后切换到"开始"选项卡、"字体"选项组的相关按钮设置字体格式，在表格的"布局"选项卡、"对齐方式"选项组的相关按钮设置对齐方式。

图 3-2-9 插入表格

（3）选中表格的第二行，打开"设计"选项卡，在"表格样式"选项组中单击"底纹"。在其下拉菜单中为表格加入"橙色"底纹。使用相同的方法，将表格的第四行加入"蓝色"底纹。

（4）单击幻灯片空白处，切换到"插入"选项卡，单击"图像"选项组中的"图片"按钮，在打开的"插入图片"对话框中将✖和✔两张素材图片插入相应单元格中，如图 3-2-10 所示。

图 3-2-10 插入表格效果

5. 插入 SmartArt 图形

（1）选中第 23 张幻灯片，切换到"插入"选项卡，单击"插图"选项组中的"SmartArt"。打开"选择 SmartArt 图形"对话框，如图 3-2-11 所示。

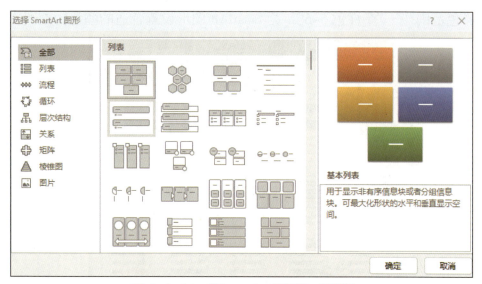

图 3-2-11　"SmartArt 图形"对话框

（2）在左侧选择"列表"选项卡，然后在右侧的列表框中选择"垂直曲形列表"选项，单击"确定"按钮，将 SmartArt 图形插入幻灯片中，如图 3-2-12 所示。

图 3-2-12　插入"SmartArt 图形"效果

（3）选中 SmartArt 图形，在弹出的"设计"选项卡、"创建图形"选项组中单击"添加形状"按钮，为 SmartArt 图形增加两个形状，如图 3-2-13 所示。

图 3-2-13　添加形状

（4）切换到"设计"选项卡，然后在"在此处输入文字"提示文字的下方依次输入"要有分辨善恶的能力""要有分辨好坏的能力""要动脑筋""不要轻信他人""不要轻易上当"。

（5）切换到"设计"选项卡，单击"SmartArt 样式"选项组中的"更改颜色"按钮，选择"彩色"—"彩色范围"—"个性色 5–6"，为 SmartArt 图形设置合适的颜色，如图 3-2-14 所示。

图 3-2-14　更改 SmartArt 图形颜色

（6）选中 SmartArt 图形中的圆形，切换到"格式"选项卡，单击"形状填充"，依次为 SmartArt 图形中的圆形填充不同的颜色，如图 3-2-15 所示。

图 3-2-15　插入 SmartArt 图形效果

6. 插入图表

（1）选择第 25 张幻灯片，切换到"插入"选项卡，单击"插图"选项组中的"图表"，打开"插入图表"对话框，如图 3-2-16 所示。

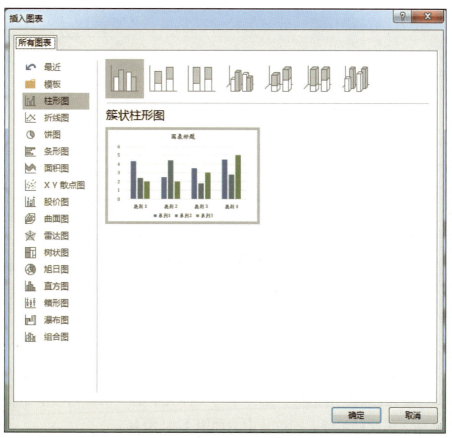

图 3-2-16　"插入图表"对话框

（2）在对话框的左列表中选择图标的类型为"柱形图"，右侧列表框中选择子类型为"簇状柱形图"，单击"确定"按钮。

（3）在自动启动的 Excel 窗口中，将 A2 到 A5 单元格内容修改成"看明白图""明白道理""不太明白""似懂非懂""不知所措"，将 B1 到 F1 单元格内容修改成"看明白图""明白道理""不太明白""似懂非懂""不知所措"。进行数据输入，如图 3-2-17 所示，输入数据后单击 Excel 窗口的"关闭"按钮即可。

	A	B	C	D	E	F
1		看明白图	明白道理	不太明白	似懂非懂	不知所措
2	看明白图	10				
3	明白道理	15				
4	不太明白	10				
5	似懂非懂	5				
6	不知所措	3				

图 3-2-17　在 Excel 窗口中输入数据

（4）右键单击"图例"，选择"设置图例格式"，在弹出的"设置图例格式"对话框中选择图例位置为"靠右"，如图 3-2-18 所示。

（5）将"图标标题"修改成"小故事 大道理"，并设置字体格式为"粗体"。

（6）选中数据系列"看明白图"，单击窗口右侧设置数据点格式中的"填充与线条"按钮，为数据系列填充颜色为"黄色"。利用相同的方法，为其余数据系列填充不同的颜色，如图3-2-19所示。

图3-2-18　设置图例格式　　　　图3-2-19　插入图表效果

7. 插入音频文件

（1）选择第26页幻灯片，切换到"插入"选项卡，在"媒体"选项组中单击"音频"下拉列表，插入音频的方式有"PC上的音频"和"录制音频"两种，本案例中选择"PC上的音频"，打开"插入音频"对话框，选择素材文件夹下的"小红帽故事.mp3"音频文件，单击"确定"按钮，该文件将插入幻灯片中，如图3-2-20所示。

图3-2-20　插入音频文件

（2）选中幻灯片中的声音图片，切换到"播放"选项卡，在"音频选项"选项组中单击"开始"下拉列表，选择一种播放方式，也可以在"音频选项"选项组中单击"音量"按钮，设置音量大小，如图3-2-21所示。

图3-2-21　设置音频格式

8. 插入视频

（1）选择第26张幻灯片，切换到"插入"选项卡，在"媒体"选项组中单击"视频"

按钮下方的箭头按钮，插入视频的方式有"联机视频"和"此设备"两种，如图3-2-22所示。本案例中选择"此设备"命令，打开"插入视频文件"对话框，找到已经保存的视频文件"小红帽的故事.mp4"，单击"插入"按钮，将视频文件插入幻灯片中。

（2）选中视频，切换到"视频格式"选项卡，单击"大小"选项组中的向下箭头，在弹出的"设置视频格式"对话框中，设置视频的"高度""宽度""旋转"等参数。调整视频在幻灯片中的大小、位置，如图3-2-23所示。

图 3-2-22　插入视频文件　　　　　图 3-2-23　设置视频格式大小与位置

9. 保存演示文稿

为防止文件丢失，要及时将文件保存。再次确认将演示文稿保存为"故事绘本《小红帽》演示文稿.pptx"，如图3-2-24所示。

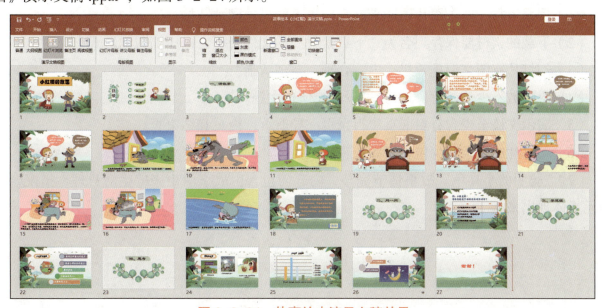

图 3-2-24　故事绘本演示文稿效果

 **任务评价**

任务评价表

考核内容	考核标准	分值 100	学生自评 10%	组内互评 30%	组间互评 30%	教师评价 30%
精神面貌	课前准备足，课上精神佳，发言清亮，兴趣浓	10				
任务评价	插入音频和视频效果	12				
	插入表格效果	12				
	插入 SmartArt 图形效果	12				
	插入图表效果	12				
	幻灯片页数不少，过少不能体现主题	12				
参与程度	学习时长持久，积极发现问题并清晰表达；善于倾听评价，思考创新；小组合作交流顺畅	10				
参与效果	学习品质坚实，自主习惯养成，问题意识敏锐，合作竞争共赢	10				
反思总结	拓展深入，笔记详尽，总结反思到位	10				

 拓展训练

制作"聪明的小乌龟"故事绘本演示文稿。

操作要求：

（1）搜集素材，要求图片不能带有水印，不能出现网址链接。

（2）下载的素材要保存到名为"下载素材"的文件夹下，以压缩包的形式上交。

（3）幻灯片有图文混排效果，内容合理、条理清晰。

（4）总页数不少于 15 页，页数过少不能体现主题。

（5）演示文稿至少含有封面页、目录页、导航页、内页和结束页。

（6）幻灯片的元素至少包含音频或视频文件。

（7）"聪明的小乌龟"故事情节完整，内容需包含由故事引出来的生活哲理，搭配合理的元素体现出来。

任务3 制作动物宝宝去旅行演示文稿

 任务描述

　　粉班的小朋友们即将开始学习一首欢快的儿歌——动物宝宝去旅行。作为他们的班主任，张老师已经精心准备了文字、图片等丰富的素材，并巧妙地将它们排版到了幻灯片中。然而，张老师渴望为这些幻灯片增添更多的活力和趣味性，她希望通过设置生动的动作效果，使演示文稿更加引人入胜。今天，我们就一起来探讨这个令人兴奋的话题，为张老师的演示文稿注入新的生命力，让小朋友们能更加生动地理解和感受这首儿歌的魅力。动物宝宝去旅行演示文稿效果如图 3-3-1 所示。

图 3-3-1　动物宝宝去旅行演示文稿效果

排版要求

 学习目标

1. 理解幻灯片主题应用，选合适主题，提升视觉效果和专业性。
2. 会设置幻灯片背景，创造出更加吸引人和符合演示主题的视觉效果。
3. 会设置幻灯片切换效果，如渐变、旋转等，以增强演示的连贯性和吸引力。
4. 会设置交互动作，提升演示文稿的互动性和观众参与度。
5. 学会打包演示文稿以便跨设备播放，掌握打印技巧及注意事项。
6. 在进行文档编辑技能训练的同时，提升学生的学习兴趣和审美能力。
7. 鼓励学生进行规范设计，树立学习信心，体会合作学习的乐趣。

技术分析

➢ 通过"设计"选项卡，可以选择适合的主题并调整幻灯片背景颜色。

➢ 通过"切换"选项卡的各种按钮，可以实现幻灯片的各种切换效果。

➢ 通过"动画"选项卡，可以添加元素动画，并利用触发器设置交互动作。

➢ 通过"文件"选项卡，可以进行演示文稿的打包和打印操作。

学习准备

（1）扫码观看微课进行预习。

（2）扫码自学课前知识准备。

（3）扫码完成工作页的引导问题。

微课　　　　知识准备　　　工作页

任务实施

1. 新建演示文稿

单击"开始"按钮，选择"Microsoft Office 2016"—"PowerPoint 2016"命令，启动 PowerPoint 2016，建立演示文稿。也可以双击 PowerPoint 软件图标，打开一个 PowerPoint 2016 演示文稿。将文件保存为"动物宝宝去旅行演示文稿 .pptx"。

操作演示

2. 对"动物宝宝去旅行演示文稿 .pptx"进行排版

（1）录入文字。

插入 10 张幻灯片，将动物宝宝去旅行的文字内容录入相应的幻灯片中，并对文字进行字体、字号、颜色、位置的设置。

（2）插入图片素材。

根据所学的知识，将动物宝宝去旅行的背景图片素材插入相应的幻灯片中，移动和美化图片，给幻灯片注入生命力，吸引小朋友们的注意力，从而强化信息传递的效果。

（3）插入声音文件。

在第 3~8 张幻灯片中，插入相关的声音素材。如果不想把"声音图标"展示给观看者，可以在幻灯片窗格之外插入声音，如图 3-3-2 所示。

图 3-3-2　在窗格外插入声音素材

3. 设置交互动作

通过"插入"选项卡、"插图"选项组"形状"下拉列表，选择"动作按钮"组中的按钮，绘制动作按钮；接下来再为其设置动作，能够在幻灯片中起到指示、引导或控制播放的作用，如图 3-3-3 所示。

（1）选择第一张幻灯片，在幻灯片下侧适当的位置插入"动作按钮"组中的 ▷ 按钮，在弹出的对话框中设置"超链接到""下一张幻灯片"，如图 3-3-4 所示。

（2）选择第 2 张幻灯片，在幻灯片下侧适当的位置插入"动作按钮"组中的 ◁ 按钮，在弹出的"操作设置"对话框中设置"超链接到""上一张幻灯片"，单击"确定"按钮，如图 3-3-5 所示。

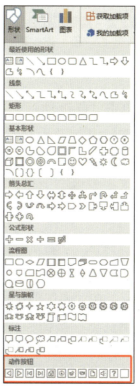

图 3-3-3　动作按钮

图 3-3-4　动作按钮"操作设置"对话框

图 3-3-5　动作按钮"操作设置"对话框

（3）用同样的方法为第 2~9 张幻灯片设置"向前""向后"动作按钮，为第 10 张幻灯片设置"向前"动作按钮。

4. 设置动画效果

（1）选择第 1 张幻灯片中需要设置动画的图片，切换到"动画"选项卡，选择"动画"选项组中的"弹跳"。在"计时"选项组的"开始"按钮下拉列表中选择"单击时"，在"持续时间"微调框中设置 2 秒，如图 3-3-6 所示。

图 3-3-6 "设置动画效果"对话框

（2）单击"高级动画"选项组中的"动画窗格"按钮，在"动画窗格"对话框中单击"播放"按钮，查看第1张幻灯片添加的动画效果，如图 3-3-7 所示。

图 3-3-7 "动画窗格"对话框

（3）打开第4张幻灯片，选中"青蛙"图片，切换到"动画"选项卡，在动画选项组中选择"飞入"。然后单击列表框右侧的"效果选项"按钮，从弹出的下拉列表中选择"自右侧"命令，在"计时"组中"开始"按钮下拉列表中选择"上一动画之后"，如图 3-3-8 所示。

（4）选择"大象开车"图片，切换到"动画"选项卡"动画"选项组中选择"飞入"，在"选项效果"中选择"自右侧"，在"计时"组中"开始"下拉列表中选择"上一动画之后"。

（5）继续选择"青蛙"素材图片，切换到"动画"选项卡

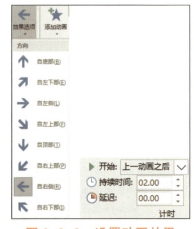

图 3-3-8 设置动画效果

后，单击"动画"选项组中右下角的向下箭头，选择"自定义路径"，此时，鼠标变成十字形。单击鼠标左键，在"青蛙"图片和"车"图片之间画出一条路径，如图 3-3-9 所示。

图 3-3-9 设置动画效果

（6）用同样的方法设置第5~8张幻灯片的动画效果。

【提示】在5~8张幻灯片中，大象开车的动画都是一样的，可以使用"动画"选项卡、"高级动画"选项组中的"动画刷"按钮进行动画效果的复制。

（7）选择第9张幻灯片，为文字设置动画效果，选中"文字"，切换到"动画"选项组，单击"动画"选项组中的"浮入"按钮，如图3-3-10所示。

图3-3-10　动画"浮入"效果

（8）选中第9张幻灯片动态图片素材"熊猫"，单击"动画"选项卡"高级动画"选项组中的"动画窗格"按钮。打开"动画窗格"对话框，如图3-3-11所示；在"动画窗格"中单击向下箭头，选择"效果选项"，如图3-3-12所示；在"效果选项"对话框中，选择声音为"其他声音"，导入本地声音素材"动物宝宝去旅行.mp3"，如图3-3-13所示。

图3-3-11　动画窗格

图3-3-12　效果选项

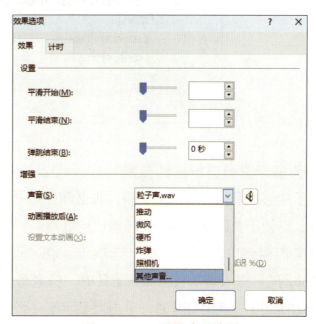

图3-3-13　设置动画效果

5. 设置幻灯片切换效果

在普通视图的"幻灯片"选项卡中单击某个幻灯片缩略图，切换到"切换"选项卡，在"切换到此幻灯片"选项组中单击右下角的向下箭头，选择一种合适的切换效果，本案例中第一张幻灯片的切换效果为"擦除"，如图3-3-14所示。根据相同的方法为后续幻灯片设置切换效果，包括使用"效果选项"下拉列表中的命令，对切换效果进行调整。

图 3-3-14　设置幻灯片的切换效果

6. 添加演讲者备注

向幻灯片添加演讲者备注以便在演示期间快速参考。在普通和大纲演示文稿视图中，该窗格将显示在当前幻灯片下方，而在演示者视图中它将显示在当前幻灯片旁边。切换到"视图"选项卡，在"显示"选项组中单击"备注"按钮。此时，可以在备注窗格输入需要参考的内容，如图3-3-15所示，用以上方法为其余幻灯片备注窗格中添加内容。

图 3-3-15　添加"备注"

7. 为演示文稿进行排练预演

为了能够顺利地播放演示文稿，张老师使用 PowerPoint 提供的"排练计时"功能进行排练预演，以便于在课堂中自动循环播放幻灯片。

（1）切换到"幻灯片放映"选项卡，在"设置"选项组中单击"排练计时"按钮。PowerPoint 随后进入演示状态并开始计时。张老师估算着演示每一张幻灯片所需的时间，当在需要切换到下一张幻灯片时，单击以显示下一张。

（2）在演示结束后，单击"录制"工具栏中的"关闭"按钮，软件会询问是否保存排练

时间，单击"是"按钮，保存计时信息。

（3）在"幻灯片放映"选项卡中，单击"设置"选项组中的"设置幻灯片放映"按钮，打开"设置放映方式"对话框。

（4）在该对话框的"放映类型"栏中选中"在展台浏览"单选按钮，保持选中"推进幻灯片"栏中的"如果出现计时，则使用它"单选按钮，设置完毕后，单击"确定"按钮。

（5）单击"开始放映幻灯片"选项组中的"从头开始"按钮，即可进入简报的播放状态，并以全屏方式播放设计的演示文稿。

经过一轮播放后，按〈Esc〉键返回设计状态，并按〈Ctrl+S〉组合键再次保存演示文稿。

至此，演示文稿已制作完成。

8. 打包演示文稿

有时制作好的演示文稿复制到U盘后，在别的电脑放映时，发现别的电脑没有安装PowerPoint 2016，为了避免这种情况的出现，这时我们需要将演示文稿打包，操作方如下：

（1）切换到"文件"选项卡，单击"导出"按钮中的"将演示文稿打包成CD"命令，在级联菜单中选择"打包成CD"按钮，在弹出的对话框中，输入打包后演示文稿的名称，如图3-3-16所示。

（2）单击"复制到文件夹"按钮，打开"复制文件夹"对话框，将当前文件复制到指定的地方。

图3-3-16 "打包成CD"对话框

9. 打印演示文稿

同Word和Excel一样，可以在打印之前预览演示文稿，满意后再将其打印，操作步骤如下：

（1）切换到"文件"选项卡，选择"打印"命令，在右侧的窗格中可以预览幻灯片打印的效果。如果要预览其他幻灯片，单击下方的"下一页"按钮。

（2）在"份数"微调框中指定打印的份数。

（3）在"打印机"下拉列表中选择所需的打印机。

（4）在"设置"选项组中指定演示文稿的打印范围。

（5）"打印版式"列表框中确定打印的内容，如整页幻灯片、备注页、大纲、讲义等，如图3-3-17所示。讲义可以选择1张或多张幻灯片打印在一页上，也可以设置给每张幻灯片是否加边框。

（6）单击"打印"按钮，即可开始打印演示文稿。

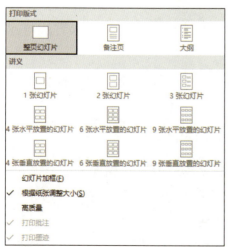

图3-3-17 "打印版式"列表框

任务评价

任务评价表

考核内容	考核标准	分值100	学生自评10%	组内互评30%	组间互评30%	教师评价30%
精神面貌	课前准备足，课上精神佳，发言清亮，兴趣浓	10				
任务评价	设置动画效果	12				
	配合适当的音效	12				
	合理设置时间控制	12				
	设置幻灯片切换效果	12				
	设置交互动作	12				
参与程度	学习时长持久，积极发现问题并清晰表达；善于倾听评价，思考创新；小组合作交流顺畅	10				
参与效果	学习品质坚实，自主习惯养成，问题意识敏锐，合作竞争共赢	10				
反思总结	拓展深入，笔记详尽，总结反思到位	10				

拓展训练

制作以"节约用水"为主题的演示文稿。

操作要求：

（1）搜索有关节约用水的图片和视频资料。

（2）搜集网络素材，要求不能有网址或水印等标志。

（3）封面页：设计关于节约用水的封面图，搭配标题"节约用水"。

（4）目录页：列出幻灯片的主要内容，包括水的珍贵性、节水的重要性、节水方法与建议、节水小贴士等。

（5）内容页：每个主题页面设计不同的布局，如左右分栏、上下分栏等，以便展示不同类型的资料。

（6）以蓝色为主色调，搭配白色、黄色等辅助色，营造节约水的氛围。

（7）字体：选择清晰易读的字体，如 Arial、Calibri、微软雅黑、楷体、黑体等。

（8）为图片、文字等元素添加淡入、淡出、缩放等动画效果。

（9）设置幻灯片之间的切换效果，如平滑过渡、翻页效果等。

（10）幻灯片页数不少于 15 页，保存为"节约用水演示文稿.pptx"。

项目四 **图形图像的处理技术与应用**

项目描述

　　作为一名实习生，她在幼儿园的工作业绩突出，受到了广泛的表扬和认可。她不仅展现出了对幼儿教育事业的热爱和执着，还通过巧妙运用图形图像处理技术，为幼儿园的各项活动增添了色彩和活力。现在，她已经正式成为一名幼儿教师，实现了自己的梦想。

　　在日常工作中，她利用 PS 软件来制作小朋友的毕业照，利用光影魔术手软件为班级制作了一张班级姓名贴，主动承担起了制作海报的任务，用美图秀秀软件制作，设计思路巧妙，海报美观实用。又帮助班级编辑了舞蹈大赛的歌曲，利用剪映软件制作了节日活动视频，让孩子们感受到了传统文化，也让她自己有了满满的成就感。她用自己的实际行动证明了图形图像处理技术在幼儿教育中的重要性。

学习目标

【知识目标】

　　1. 掌握常用的图形图像处理软件的基本界面、原理及工具功能。

　　2. 会图像美化、调整、滤镜应用等知识点。

　　3. 会视频剪辑、音频处理、特效应用等知识点。

【能力目标】

　　1. 具备运用 PS 软件解决实际问题的能力。

　　2. 具备一定的图像处理和美化能力。

　　3. 具备一定的音频编辑能力。

　　4. 具备一定的视频制作和编辑能力。

【素养目标】

　　1. 培养创新思维和审美能力，能够运用所学知识进行创意设计。

　　2. 培养团队协作能力，在任务中学会与他人合作，共同完成创意任务。

　　3. 培养职业道德，遵守行业规范和道德标准，尊重原创和知识产权。

　　4. 培养持续学习的能力，保持对新技术和新工具的好奇心，不断学习和提升自己的能力。

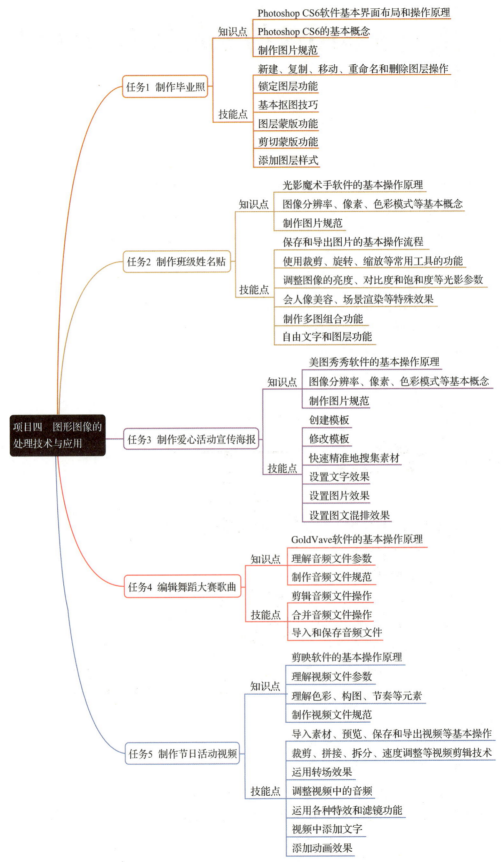

本项目将通过 5 个任务来学习图形图像的处理技术与应用。

任务1 制作毕业照

 任务描述

　　每年的毕业季总是充满感慨和不舍，特别是对孩子们来说，离开熟悉的校园和伙伴，步入新的生活阶段，是一个重要的转折点。对蓝班的孩子们来说，这个毕业季尤为特别。他们曾是那些刚进幼儿园时对妈妈依依不舍的小宝贝，而转眼间，他们已准备好展翅高飞。在这样一个重要的时刻，蓝班的班主任陈老师决定为他们拍摄一组毕业照，为他们的成长留下弥足珍贵的纪念。陈老师不仅是一位富有爱心和耐心的教育者，还是一位精通 PS 图形图像处理技术的专家。陈老师精心调整每一张照片的角度和构图，还巧妙地使用 PS 的滤镜功能，能够用自己的专业技能为孩子们留下一份美好的回忆，这也是她作为教育工作者的最大骄傲和满足，如图 4-1-1 所示。

图 4-1-1　学生毕业照效果

排版要求

 **学习目标**

　　1. 了解 Photoshop CS6 软件的基本界面布局，包括菜单栏、工具栏、面板和图像编辑区域等。

　　2. 理解 Photoshop 的基本概念，如文件、图层、蒙版等。

3.能够新建图层，并理解图层在图像处理中的作用。

4.能够复制、移动、重命名和删除图层，以及掌握图层之间的堆叠关系和可见性设置。

5.能够锁定图层，包括锁定透明像素、锁定图像像素和锁定位置等。

6.能够进行基本的抠图操作，如使用魔棒工具、套索工具或色彩范围选择工具进行图像选择。

7.能够使用图层蒙版进行图像合成，掌握添加、删除和剪切蒙版的基本操作。

8.能够使用剪切蒙版来创建剪贴效果，将图像的一部分应用到另一个图层上。

9.能够为图层添加样式，如阴影、发光、描边等，以增强图像的视觉效果。

10.培养学生的规范设计意识，遵循行业标准和最佳实践进行图像处理。

11.鼓励学生发挥创意，利用提供的素材设计出具有个性和创新性的作品。

12.增强学生的团队合作精神和沟通能力，通过分享和评价作品促进相互学习和进步。

技术分析

➤ 通过"文件"菜单，可以对 Photoshop CS6 文件进行新建、保存。

➤ 通过 Photoshop CS6 工具箱工具对素材进行操作。

➤ 通过"图层"面板，可以新建图层、锁定图层、复制图层以及添加图层蒙版等。

➤ 通过"添加图层样式"按钮，可以为素材添加图层样式。

学习准备

（1）扫码观看微课进行预习。

（2）扫码自学课前知识准备。

（3）扫码完成工作页中的引导问题。

微课　　　　知识准备　　　工作页

任务实施

1.新建 Photoshop 文件

Photoshop 软件的版本很多，以 Photoshop CS6 版本为例，双击桌面上的 Photoshop CS6 图标，打开 Photoshop 软件。

2.新建背景图层

操作演示

单击"文件"菜单下的"打开"按钮，在"打开"对话框找到名为"素材"的文件夹，选择"毕业照背景"素材图片，如图 4-1-2 所示；单击"打开"按钮，此时，在 Photoshop CS6

软件中新建了一个以"毕业照背景"图片为背景图层的文件，如图4-1-3所示。

图 4-1-2　"打开"对话框

图 4-1-3　新建背景图层

3. 添加绿色草坪图层

（1）在 Photoshop 软件中打开"绿色草坪"图片素材，要对"绿色草坪"图片进行处理，双击"图层"面板中背景图层，弹出"新建图层"对话框，此时有锁定功能的背景图层转为普通的图层，名为"图层0"，如图4-1-4所示。

图 4-1-4　锁定图层转为普通图层

（2）选择工具箱中的"魔棒"工具，单击"绿色草坪"的白色背景，此时，白色背景被蚂蚁线包围，如图4-1-5所示；此时按键盘上的"〈Delete〉"键，即可删除白色背景，如图4-1-6所示。

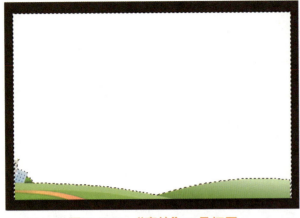

图 4-1-5 "魔棒"工具抠图

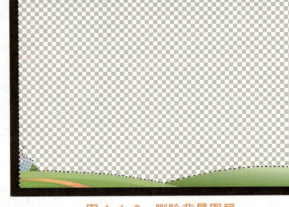

图 4-1-6 删除背景图层

（3）按快捷键〈Ctrl+D〉取消选区。单击"选择"菜单，选择"取消选择"命令，也可以取消选区。

（4）选择"移动"工具，将抠好图的"绿色草坪"素材移动到"毕业照"文件中。此时，"毕业照"文件的图层中新建了一个名为"图层 1"的新图层，双击"图层 1"，将图层 1 的名字改为"绿色草坪"，利用"移动"工具将绿色草坪移动到文件的底部，如图 4-1-7 所示。调整好位置，按快捷键〈Ctrl+T〉，或者单击"编辑"菜单，选择"自由变换"，调整"绿色草坪"的大小。调整好后，按〈Enter〉键确认，如图 4-1-8 所示。

图 4-1-7 重命名图层

图 4-1-8 "绿色草坪"图层效果

4. 锁定图层

可以对不再进行修改的图层，实施锁定图层操作。选中"绿色草坪"图层，单击图层面板中的 🔒 按钮，将图层锁定，如图 4-1-9 所示。此时，图层将不能编辑，再次单击 🔒 按钮，锁定的图层将解锁，可继续编辑。

【提示】锁定图层主要用于保护图层内容不被修改或删除。锁定功能可以根据需要单独或组合使用，以实现对图层的精细控制。如果需要对已锁定的图层进行编辑，只需在图层面板中找到对应的解锁按钮进行解锁即可。针对设计灵活使用锁定图层功能。

5. 导入"拉皮箱的小朋友"图片素材

在 Photoshop 中打开"拉皮箱的小朋友"素材，利用 Photoshop 抠图工具将图片背景删除，使用"移动"工具将素材图片移动到"毕业照"文件中，此时，图层中新建了一个名为"拉皮箱的小朋友"的图层，并调整其位置，如图 4-1-10 所示。

图 4-1-9   锁定图层   图 4-1-10   "拉皮箱小朋友"图层效果

6. 导入"手拿毕业证书小朋友"素材并进行修图

（1）在 Photoshop 软件中打开"手拿毕业证书小朋友"素材图片，在任务栏上单击鼠标右键，会弹出来四个工具，分别是"裁剪""透视裁剪""切片""切片选择"。这里选中"裁剪"工具，将鼠标移到图片区域，单击鼠标左键，框选需要保留的图片，此时会出现一个预览图层，我们可以随便移动，调整到合适的位置，如图 4-1-11 所示。选中合适的区域后，按键盘〈Enter〉键，即可完成裁剪工作。

（2）将裁剪好的图片素材移动到"毕业照"文件中，此图层重命名为"手拿毕业证书小朋友"，如图 4-1-12 所示。

图 4-1-11　裁剪工具预览图层

图 4-1-12　"手拿毕业证书小朋友"图层效果

（3）新建图层，命名为"曲线边框"，单击工具箱里的"自定义形状"，在工具栏属性中选择形状为"边框 7"，填充颜色为"纯绿青"，在"手拿毕业证书小朋友"素材边缘绘制一个边框，如图 4-1-13 所示。

图 4-1-13　"曲线边框"图层效果

7.导入"操场做游戏"图片素材，并添加效果

（1）在 Photoshop 软件中打开"操场做游戏"图片素材，利用"裁剪工具"对图片进行裁剪，并调整图片的大小。

（2）将图片移动到"毕业照"文件中，将图层名称重命名为"操场做游戏"，按快捷键〈Ctrl+T〉，对图片进行水平翻转，单击图层面板的"添加图层蒙版"按钮，如图 4-1-14 所示，为"操场做游戏"图层添加蒙版。

图 4-1-14　添加图层蒙版

（3）单击工具栏中的"设置前景色"，此时，弹出"拾色器"对话框，如图 4-1-15 所示，选择颜色为"黑色"，单击"确定"按钮。

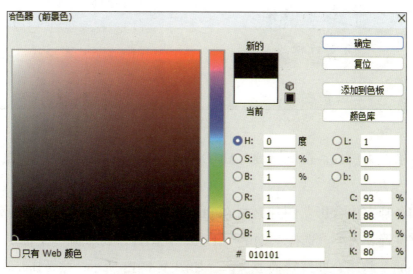

图 4-1-15　"拾色器"对话框

（4）单击"画笔"工具，在"画笔"属性面板中选择画笔的大小和硬度，这里硬度选择柔软边缘的，在图片边缘进行涂抹，此时，图片边缘变成了虚化的效果，添加图层蒙版前后对比效果，如图4-1-16所示。

图 4-1-16　添加图层蒙版前后对比效果

8.制作照片边框

（1）新建图层，单击"图层"面板中的"新建"按钮，新建图层"两张照片的边框"，鼠标右键单击"选框"工具，这里选择矩形选框工具，在文件适当位置拖动鼠标左键，绘制出一个矩形选区，按住键盘上的〈Shift〉键，沿着选区右下角位置继续拖动鼠标增加选区，如图4-1-17所示。

图 4-1-17　制作照片边框选区

（2）调整前景色为白色，按快捷键〈Alt+Delete〉将选区填充成白色，按快捷键〈Crl+D〉取消选区。

（3）将"和老师室内合影"图片素材在Photoshop软件中打开，并进行裁剪，将图片移动到文件中调整位置和大小。选择"钢笔"工具，在图片素材中画三个描点，闭合曲线，按快捷键〈Ctrl+Enter〉将闭合曲线转换成选区，如图4-1-18所示；按〈Delete〉键将素材的一角删掉，最后按快捷键〈Ctrl+D〉取消选区，图4-1-19所示。

图 4-1-18　创建"三角形"选区　　　　　　图 4-1-19　删除照片一角

【提示】去掉图片一角方法有多种，大家灵活掌握工具的使用方法。

（4）单击图层面板的"添加图层样式"按钮，在弹出的快捷菜单中选择"内阴影"按钮，在弹出的"图层样式"对话框中设置"内阴影"的参数，混合模式设置为"黑色正片叠底"，角度为"130 度"，距离为"13 像素"，阻塞为"22%"，大小为"18 像素"，单击"确定"按钮，如图 4-1-20 所示。

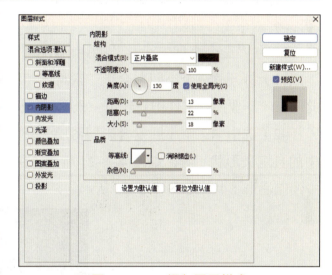

图 4-1-20　添加图层样式

（5）用同样的方法将"五个小朋友合影"图片素材移动到文件合适的位置，并删除左上角。为此图层添加图层样式为"内发光"，颜色为"#f1c4da"，如图 4-1-21 所示；单击渐变条，弹出渐变编辑器，设置渐变颜色由粉色到透明，如图 4-1-22、图 4-1-23 所示。

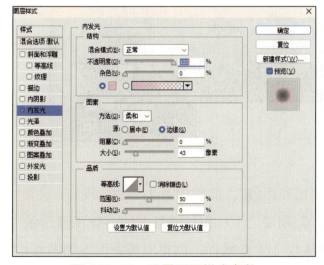

图 4-1-21　设置图层样式参数

图 4-1-22　打开"渐变编辑器"对话框

149

图 4-1-23 "五个小朋友合影"图层效果

9. 为"三个小朋友合影"图片添加剪切蒙版

（1）打开"三个小朋友合影"素材图片，对图片进行裁剪后移动到"毕业照"文件中，此时在"毕业照"文件中新建了一个图层，将图层重命名为"三个小朋友合影"。

（2）选中"三个小朋友合影"图层，新建一个形状图层，命名为"爱心"，选择工具箱中的自定义形状工具，如图 4-1-24 所示；在其属性面板中选择心形形状，在"爱心"图层中绘制心形形状，如图 4-1-25 所示。

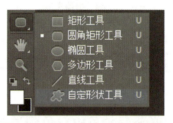

图 4-1-24 自定义形状按钮

图 4-1-25 插入"心形"形状图层

（3）为"爱心"图层添加图层样式为"斜面和浮雕"，参数如图 4-1-26 所示。

将"爱心"图层移动到"三个小朋友合影"图层之下，按住键盘上的〈Alt〉键，在"三个小朋友合影"图层和"爱心"图层之间的横线上单击鼠标，创建剪切蒙版，如图 4-1-27 所示；添加剪切蒙版图片前后对比效果，如 4-1-28 所示。

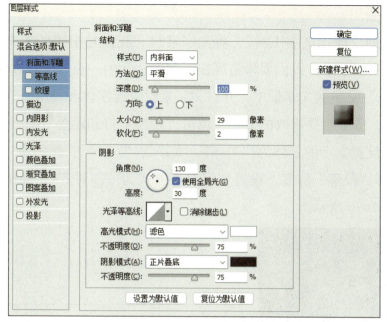

图 4-1-26　设置斜面和浮雕参数

图 4-1-27　创建剪切蒙版效果

图 4-1-28　剪切蒙版前后对比效果

10. 添加文字图层

选择工具箱中的"横排文字工具",将文字素材"我们是祖国的未来,是祖国的花朵,美好的未来把握在我们手中,我们要珍惜现在,把握生活的一点一滴,才可以创造出美好的未来和光辉的远景。"粘贴到文本框中,并对文字素材进行字体和段落格式设置。

双击文字图层,选中想要修改的文字,单击"切换字符和段落"面板,设置字体和段落格式,在属性面板设置文字的字体为"黑体"、大小为"34磅"、颜色为"黑色",设置文字行距为55点,选择"段落"标签,设置文字对齐方式为"左对齐",如图4-1-29所示;添加文字效果如图4-1-30所示。

图4-1-29 "切换字符和段落"面板

图4-1-30 文字图层效果

导入素材"我们毕业啦"图片素材,添加"图层样式"中的"斜面和浮雕 描边 渐变叠加 投影"效果,参数如图4-1-31~图4-1-34所示。"我们毕业啦"图层效果,如图4-1-35所示。

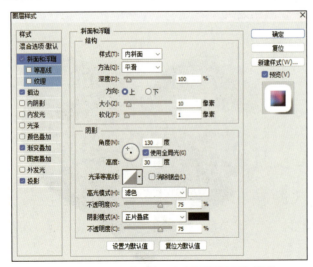

图4-1-31 添加斜面和浮雕效果参数值

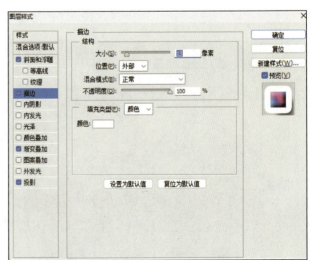

图4-1-32 添加描边效果参数值

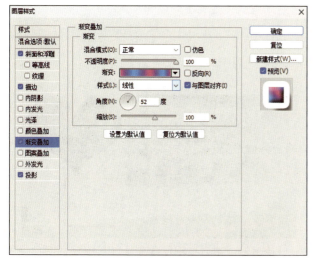

图 4-1-33　添加渐变叠加效果参数值

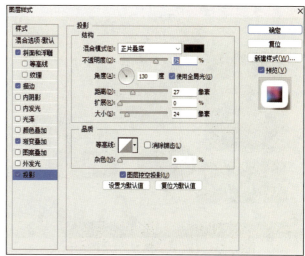

图 4-1-34　投影参数

图 4-1-35　"我们毕业啦"图层效果

导入"花朵植物"图片素材，将图层重命名为"花朵植物"，将图片移动到文字下方并调整到合适的位置作为装饰效果，如图 4-1-36 所示。

我们是祖国的未来，是祖国的花朵，
美好的未来把握在我们手中，
我们要珍惜现在，
把握生活的一点一滴，
才可以创造出美好的未来和光辉的远景。

图 4-1-36　"花朵植物"图层效果

导入"纸飞机"素材，将图层重命名为"纸飞机"，将调整好的图片移动到合适的位置。按两次〈Ctrl+J〉组合键复制"纸飞机"图层。此时，新建"纸飞机 副本""纸飞机 副本 2"两个图层，调整"纸飞机"素材图片的位置和大小，如图 4-1-37 所示。

用同样的方法导入下边的纸飞机素材，将图层重命名为"下边的纸飞机"，将纸飞机图片素材移动到合适的位置，效果如图 4-1-38 所示。

图 4-1-37 "纸飞机"图层效果

图 4-1-38 "下边的纸飞机"图层效果

11. 点缀装饰效果

利用工具箱里的自定义形状中的"爪印（猫）"工具，在文件中绘制一个填充颜色为"RGB 青"的爪印形状，作为装饰效果。

12. 保存文件

毕业照最终效果如图 4-1-39 所示。

图 4-1-39 毕业照最终效果

单击"文件"菜单，选择"存储为"命令，将文件保存为"毕业照 .psd"和"毕业照 .jpg"，如图 4-1-40 所示。

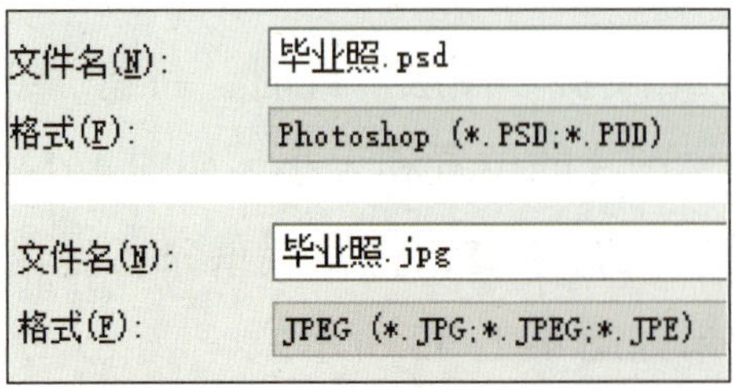

文件名(N):	毕业照.psd
格式(F):	Photoshop (*.PSD;*.PDD)

文件名(N):	毕业照.jpg
格式(F):	JPEG (*.JPG;*.JPEG;*.JPE)

图 4-1-40 存储文件格式

 **任务评价**

任务评价表

考核内容	考核标准	分值 100	学生自评 10%	组内互评 30%	组间互评 30%	教师评价 30%
精神面貌	课前准备足，课上精神佳，发言清亮，兴趣浓	10				
任务评价	整个图片美观大方	12				
	合理使用图层蒙版效果	12				
	合理使用剪切蒙版效果	12				
	合理设置图层样式	12				
	熟练使用工具箱工具	12				
参与程度	学习时长持久，积极发现问题并清晰表达；善于倾听评价，思考创新；小组合作交流顺畅	10				
参与效果	学习品质坚实，自主习惯养成，问题意识敏锐，合作竞争共赢	10				
反思总结	拓展深入，笔记详尽，总结反思到位	10				

 拓展训练

利用 Photoshop 软件制作萌宝幼儿园成长档案图片。

操作要求：

（1）打开 Photoshop 软件，新建尺寸为"1 701 像素 ×2 268 像素"的空白文件。

（2）文件分辨率为 72 DPI。

（3）要求在"萌宝幼儿园成长档案"页面中包含宝宝的"照片""姓名""生日""星座""籍贯""入学时间""毕业时间"和"对小朋友说的话"。

（4）要求文字格式美观、大方，图片素材色彩搭配合理，整体布局重点突出，主次分明。

（5）放宝宝照片的位置可根据整体效果，设计成圆形、长方形等形状。

任务2 制作班级姓名贴

任务描述

新学期伊始，红一班的班主任精心准备了姓名贴，并醒目地张贴在班级醒目的位置。当小朋友们步入熟悉的教室，他们立刻被眼前的一幕所吸引，纷纷兴奋地指着自己的照片，高声喊着："这个是我，这个是我……。"孩子们纯真的笑容如同春天的花朵般绽放，让整个教室都充满了生机与活力。看到孩子们如此开心，班主任也感到十分欣慰。她微笑着走到孩子们中间，亲切地向他们问好："早上好，亲爱的孩子们！"她温柔的话语如同一缕春风，轻轻拂过孩子们的心田，让他们感到无比的温暖和幸福。

在这个美好的早晨，红一班的师生们共同开启了新学期的征程。班主任用她的细心和爱心，为孩子们营造了一个温馨、快乐的氛围，激发了他们来幼儿园的积极情绪。相信在这个充满爱与关怀的大家庭里，孩子们一定能够茁壮成长，度过一个愉快而难忘的学期。

制作要求：图片清晰，按照主题条理清晰、突出重点，美观大方。班级姓名贴制作图片效果如图 4-2-1 所示。

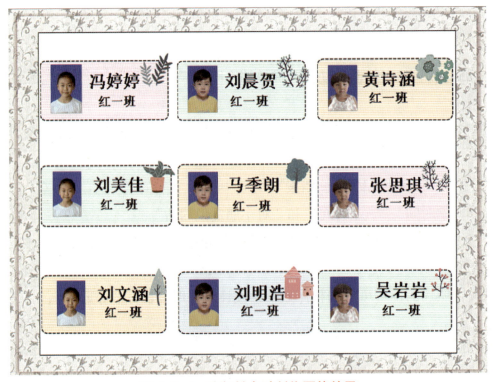

图 4-2-1 班级姓名贴制作图片效果

排版要求

学习目标

1. 掌握光影魔术手软件的基本操作和图像处理技能。

2. 理解图像的分辨率、像素、色彩模式等基本概念。

3. 会保存和导出图片的基本操作流程。

4. 会裁剪、旋转、缩放等常用工具的功能和使用方法。

5. 会调整图像的亮度、对比度和饱和度等光影参数。

6. 会人像美容、场景渲染等特殊效果的制作方法。

7. 会利用制作多图组合和自由文字和图层进行创意制作。

8. 培养学生的创意和审美能力，通过制作班级姓名贴来展示个性与班级特色。

9. 增强学生的团队合作精神，通过协作完成班级姓名贴的制作。

技术分析

➤ 通过"裁剪"命令，实现轻松地对图片进行裁剪。

➤ 通过"调整"命令来调整图片的亮度、对比度和饱和度等参数，实现图片的整体明暗、色彩鲜艳程度等视觉效果。

➤ 通过"缩放"命令，实现轻松地调整图片的大小，或将其放大以获取更详细的视觉效果。

➤ 通过"文件"菜单下的批量处理功能，实现多个图形进行常用效果的批量处理，大大提高了处理效率。

➤ 通过人像美容、场景渲染的多种特殊效果制作工具，来增强图片的视觉效果。

➤ 通过多图组合、自由文字和图层等多种创意制作工具，实现多张图片组合在一起，添加文字、调整图层顺序等，创作出更具创意和个性的图片作品。

➤ 通过"保存"或"导出"按钮来保存和导出图片，确保图片的文件格式、设置分辨率和色彩模式等信息。

学习准备

（1）课前扫码观看微课进行预习。

（2）扫码自学课前知识准备。

（3）扫码完成工作页的引导问题。

微课　　　知识准备　　　工作页

任务实施

（1）在网站下载并安装光影魔术手软件，光影魔术手版本有很多，以安装光影魔术手_3.1.2.104 版本为例 ，安装成功后桌面上有该软件的快捷图标 。

操作演示

（2）打开光影魔术手软件（图4-2-2），对收集的不同颜色背景的学生一寸照片进行统一背景颜色设置。

图 4-2-2　光影魔术手软件界面

（3）打开"素材"文件夹中的照片，以一张白色背景的照片为例，更换照片背景颜色，如图 4-2-3 所示。

图 4-2-3　素材图片

（4）在光影魔术手软件界面中，单击上方工具栏中的"打开"按钮，如图 4-2-4 所示。

图 4-2-4　"打开"按钮

（5）找到自己需要更换底色的证件照并打开，如图4-2-5所示。

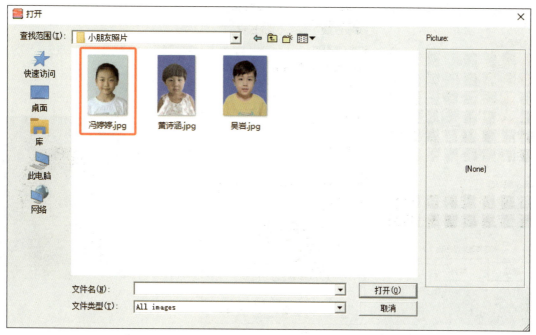

图 4-2-5　选择素材照片

（6）智能扣除选取。

在光影魔术手软件界面中，单击上方工具栏中的"抠图"按钮，打开"容易抠图"对话框的右侧，在"第一步：抠图"中，单击智能选中笔，用选中笔在要抠取的图像上画线，再单击智能排除笔，用排除笔在误选区域上画线，抠出带滚动蚂蚁线的人物，如图4-2-6所示。

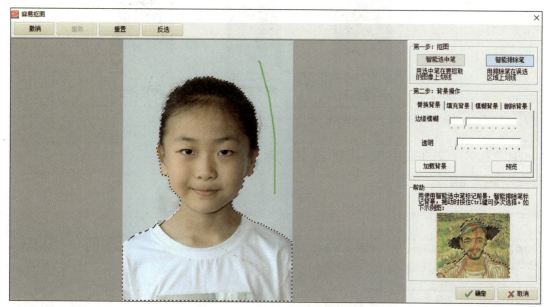

图 4-2-6　智能扣除选取

（7）更改照片的背景颜色。

在对话框右侧"第二步：背景颜色"中，选择"填充背景"命令，选择一种背景颜色，单击确定，操作如图4-2-7、图4-2-8所示。

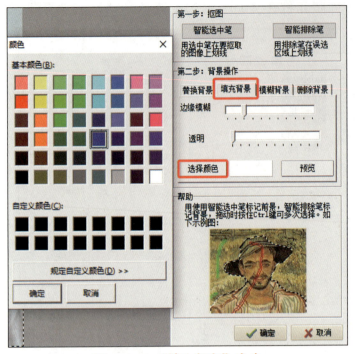

图 4-2-7 "填充颜色"命令

图 4-2-8 更改背景颜色

（8）用类似方法处理其他学生的照片背景，统一班级学生照片背景颜色。以三张小朋友的照片为例，如图 4-2-9 所示。

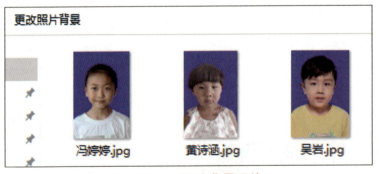

图 4-2-9 更改背景照片

（9）在"素材"文件夹中找到边框素材，如图 4-2-10 所示。

图 4-2-10 边框素材

（10）单击"工具"菜单，选择"制作多图组合"功能，在"组合图制作"的对话框中选择"调入 3×3 布局"，如图 4-2-11 所示。

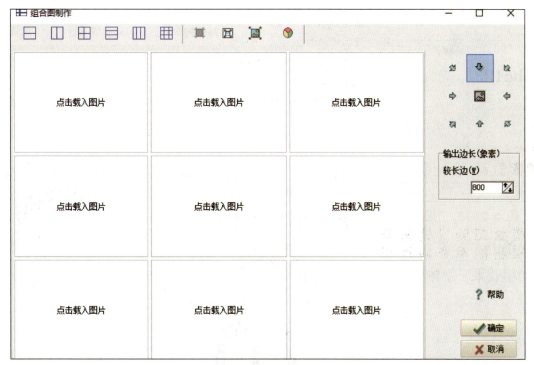

图 4-2-11 选择"调入 3x3 布局"

（11）单击载入图片功能，选择插入不同样式的边框，如图 4-2-12 所示，再单击确定。

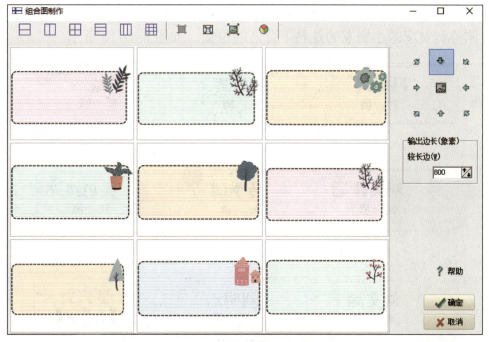

图 4-2-12 载入图片

（12）单击"工具"菜单，选择"自由文字与图层"功能，设计边框内小朋友姓名和班级效果。

单击"文字"工具，在"插入文字"对话框中输入"冯婷婷"，字体"宋体"、字号"25"、加粗效果、字体颜色"黑色"，单击"文字"工具，统一格式设置其他小朋友的名字，如图 4-2-13、图 4-2-14 所示。

图 4-2-13　"插入文字"对话框　　　　　　图 4-2-14　姓名文字效果

再次单击"文字"工具，在"插入文字"对话框中输入"红一班"，字体"宋体"、字号"18"、加粗效果、字体颜色"黑色"，单击确定，如图 4-2-15 所示。

图 4-2-15　插入文字效果

（13）选中"红一班"文字图层，在图层中选择"复制图层"功能，复制多个"红一班"文字图层，调整到对应的小朋友的姓名下合适的位置，如图 4-2-16 所示。

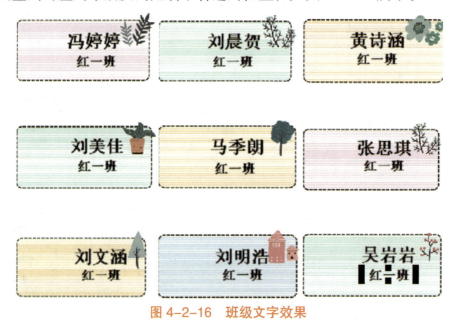

图 4-2-16　班级文字效果

【提示】删除多余的文字图层的操作，只需选中要删除的图层后再单击图层中的"删除"按钮 ✗ 即可。

（14）设计边框内小朋友的照片效果。

选择工具中的"水印"功能，找到要插入的小朋友的照片，并拖动鼠标合理调整照片大

小，拖动到姓名文字前方，一张小朋友的姓名贴就做好了，重复其操作完成其他小朋友的姓名贴，如图4-2-17所示。

重复其操作，以插入3张处理成统一蓝色背景的照片为例，完成其他小朋友的姓名贴的制作，如图4-2-18所示。

图4-2-17　姓名贴效果

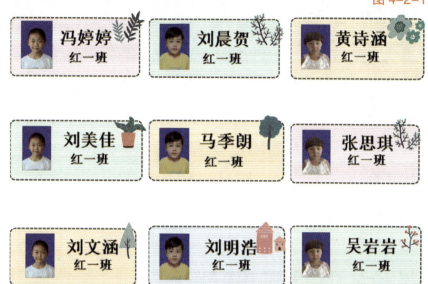

图4-2-18　班级姓名贴

（15）美化整体班级姓名贴效果。

单击"工具"菜单，在"轻松边框"对话框中，选择本地素材"花纹边框"，如图4-2-19所示。

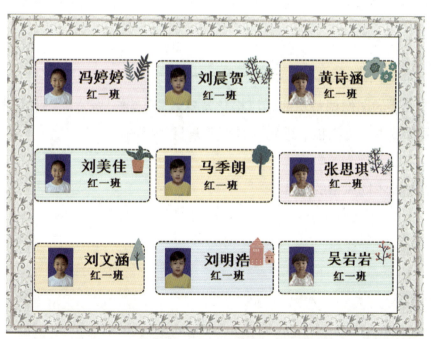

图4-2-19　最终效果

【提示】可尝试选择其他边框效果。

（16）单击"文件"菜单，选择"保存"命令，保存为"制作班级姓名贴.jpg"。

 **任务评价**

任务评价表

考核内容	考核标准	分值 100	学生自评 10%	组内互评 30%	组间互评 30%	教师评价 30%
精神面貌	课前准备足，课上精神佳，发言清亮，兴趣浓	10				
任务评价	制作图片清晰	12				
	主题条理清晰	12				
	合理处理图片	12				
	灵活设置文字效果	12				
	图文搭配美观大方	12				
参与程度	学习时长持久，积极发现问题并清晰表达；善于倾听评价，思考创新；小组合作交流顺畅	10				
参与效果	学习品质坚实，自主习惯养成，问题意识敏锐，合作竞争共赢	10				
反思总结	拓展深入，笔记详尽，总结反思到位	10				

 **拓展训练**

利用光影模式手的图像调整功能和风格化特殊效果，将一张素材图片调整呈现不同风格的图片效果，可扫描二维码查看参考素材效果图。

操作要求：

至少处理成 3 种不同风格的图片。

效果图

任务3　制作爱心活动宣传海报

任务描述

在幼儿园教育管理中，培养孩子们的爱心活动必不可少，也是培养亲子互动的感情输出，园长要求刘老师做一份关于爱心义卖活动的宣传海报，爱心义卖是指以慈善为目的的义卖，是对有心人士所捐出家里不再需要之物品进行出售，所获得收益将捐赠给贫困山区儿童，是爱心的一种体现，让幼儿园的孩子们人人都能当上小小慈善家，利用美图秀秀软件制作了一张爱心活动的宣传海报，如图4-3-1所示。

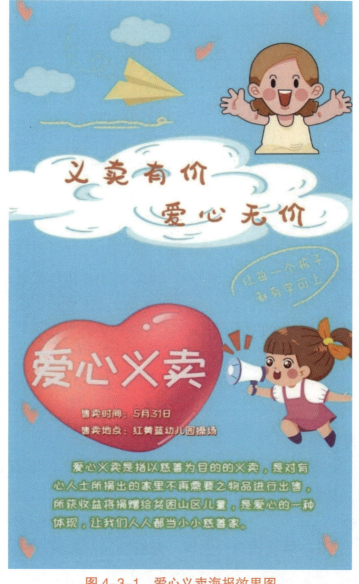

图4-3-1　爱心义卖海报效果图

排版要求

165

学习目标

1. 根据需求会使用美图秀秀创建模板。

2. 根据需求会使用美图秀秀在模板里搜索素材。

3. 会在美图秀秀模板里对文字进行设置。

4. 会在美图秀秀模板里对图片进行设置。

5. 会利用"图层排序""成组"等功能实现图文混排效果。

6. 鼓励学生进行规范设计，培养审美能力。

7. 培养学生的思维意识，解决职业岗位和生活情境的实际问题。

8. 培养学生的数字化学习与创新意识，实现学生终身学习的目的。

技术分析

➢ 通过"模板"对话框，可以设置自己需要的模板。

➢ 通过"素材"对话框，搜索自己需要的素材。

➢ 通过"文字"对话框，可以对文字进行设置。

➢ 通过"图片"对话框，可以对图片进行设置。

➢ 通过"图层排序""成组"等功能实现图文混排效果。

学习准备

（1）扫码观看微课进行预习。

（2）扫码自学课前知识准备。

（3）扫码完成工作页的引导问题。

微课　　　　　知识准备　　　　工作页

任务实施

1. 安装美图秀秀软件

在网站下载并安装美图秀秀软件。美图秀秀版本有很多，以安装美图秀秀_7.5.3.1 版本为例，安装成功后桌面上有该软件的快捷图标。

2. 创建海报模板

操作演示

双击打开"美图秀秀"软件图标，选择"海报设计"选项，进入海报设计界面如图4-3-2 所示。

图 4-3-2　海报设计界面

单击界面左侧"创建设计"选项，对模板进行选择，在"创建设计"的下拉菜单中选择"长图海报 800×2 000 px"，单击创建，如图 4-3-3 所示。

在搜索框中输入关键字"爱心义卖"文字，单击搜索，选择合适的模板，如图 4-3-4 所示。

选择好适合的爱心义卖模板后，选择模板中不需要的文本框或图片，单击"删除"按钮删除，如图 4-3-5 所示。

图 4-3-3　创建长图海报

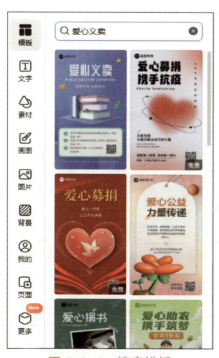

图 4-3-4　搜索模板

图 4-3-5　修改模板

在模板的右侧，设置画布的颜色。单击颜色按钮，选择所需画布的颜色，如图 4-3-6 所示。

图 4-3-6　设置画布背景颜色

3. 搜集素材

单击左侧的"素材"选项，按需求选择搜索大类，方便、快速搜集素材，如图 4-3-7 所示。

例如在"电商促销"搜索大类中选择需要的"卡通宣传"图片，如图 4-3-8 所示。

图 4-3-7　搜集素材

图 4-3-8　搜索"卡通宣传"素材

例如在搜索框中输入"爱心"文字，并单击选择的图片直接放到画布上，如图 4-3-9 所示。

例如在搜索框中输入"白云"文字，并单击选择的图片直接放到画布上，如图 4-3-10 所示。

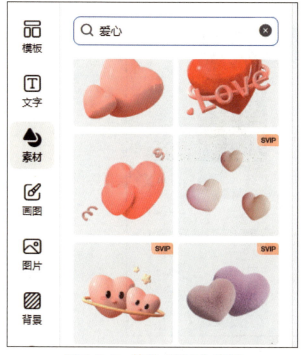

图 4-3-9　搜集"爱心"素材

图 4-3-10　搜索"白云"素材

4. 准备素材

将设计所需的素材放到画布上，为下一步修改完善做准备，如图 4-3-11 所示。

图 4-3-11　准备素材

5. 设置图文混排

（1）选择画布中素材"爱心捐书"文字效果，直接修改文字内容为"爱心义卖"。

（2）观察发现，"爱心"图片在"爱心义卖"文本框的下方，需调整图片和文本框的上下叠放次序。选择"爱心"图片，右键单击鼠标，选择"图层排序"的"下移一层"命令，调整叠放次序，如图 4-3-12 所示。

图 4-3-12　设置"图层排序"

【提示】根据当前选择图层的不同，灵活选择使用"图层排序"的"置顶""置底""上移一层""下移一层"命令。

（3）先调整"爱心义卖"文本框的大小或修改文本框文字字号，再选择画布中另一个文本框样式，输入"售卖时间：5月31日 售卖地点：红黄蓝幼儿园操场"文字，选中文本框的文字，通过"文字样式"对话框，选择适合的文字特效，如图 4-3-13 所示。

（4）实现图文混排效果，将上述步骤中的两个文本框调整到"爱心"图片的合适位置上，按住〈Ctrl〉键单击想要选择组合的元素，再右键单击"成组"命令组合在一起。如果对图片和文本框内容不修改，可选择"合并图层"命令，合并成一张图片，图文效果如图 4-3-14 所示。

图 4-3-13　设置文字样式

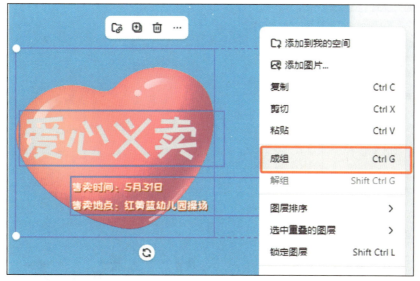

图 4-3-14 "成组"命令

【提示】

①"成组"和"解组"是两个操作相反的命令，针对组合好的图片，如想要修改局部效果，选择"解组"命令后再单独修改效果。

②针对选中多个元素后，选择"合并图层"命令，合并成一张图片后不能再单独修改局部效果。

（5）在美图秀秀软件左侧选择"文字"选项，在"AI 花字"中选择"好运如潮"AI 花字作为海报宣传语文字样式，如图 4-3-15 所示。

（6）在画布上选择"好运如潮"文本框样式，修改文字内容为"义卖有价"；双击文本框线上两次，使文本框线显示为实线框，实现选中文本框，如图 4-3-16 所示。

图 4-3-15 选择 AI 花字

图 4-3-16 选中文本框

（7）在美图秀秀软件右侧"图片"工具栏中设置透明度选择为"0"，实现去除底图效果或选中底图删除（按删除按钮或 Delete 键），实现保留文字效果，如图 4-3-17 所示。

（8）通过操作后，设置好的 AI 花字效果如图 4-3-18 所示。

图 4-3-17　去除底图操作

图 4-3-18　设置 AI 花字

（9）复制"义卖有价"AI 花字，文字改为"爱心无价"，将两个文本框调整移动到"云朵"图片上，实现"成图"操作，如图 4-3-19 所示。

图 4-3-19　组合 AI 花字与图片效果

（10）单击"文字"选项的"正文"按钮，拖动出一个文本框，输入文字"爱心义卖是指以慈善为目的的义卖，是对有心人士所捐出的家里不再需要之物品进行出售，所获收益将捐赠给贫困山区儿童，是爱心的一种体现，让我们人人都当小小慈善家。"通过"文字样式"对话框中，选择合适的文字特效，设置参考数值：字号 38 号、字间距"0"、行间距"55"、透明度"100"调整文字效果，如图 4-3-20、图 4-3-21 所示。

图 4-3-20　设置文字样式

爱心义卖是指以慈善为目的的义卖，是对有心
人士所捐出的家里不再需要之物品进行出售，所
获收益将捐赠给贫困山区儿童，是爱心的一种体
现，让我们人人都当小小慈善家。

图 4-3-21　设置文字特效

6. 完善海报

对所选素材及文本主题设置完成后，观察海报还是否有空缺部分，对空缺部分进行小素材的复制，比如海报中"小桃心"，进行复制粘贴操作，进行美化设置，注意设置海报要适当留白，设置好海报后单击下载保存到指定路径下，名为"爱心活动宣传海报 .jpg"，如图 4-3-22 所示。

制作海报最终效果如图 4-3-23 所示。

图 4-3-22　保存图片

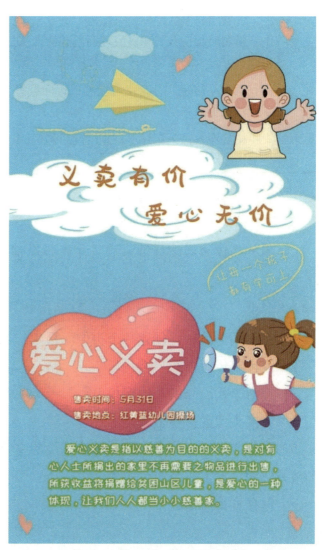

图 4-3-23　爱心活动宣传海报

任务评价

任务评价表

考核内容	考核标准	分值 100	学生自评 10%	组内互评 30%	组间互评 30%	教师评价 30%
精神面貌	课前准备足，课上精神佳，发言清亮，兴趣浓	10				
任务评价	设置整体布局	12				
	创建海报模板	12				
	灵活修改模板	12				
	使用及编辑 AI 文字	12				
	实现图文混排效果	12				
参与程度	学习时长持久，积极发现问题并清晰表达；善于倾听评价，思考创新；小组合作交流顺畅	10				
参与效果	学习品质坚实，自主习惯养成，问题意识敏锐，合作竞争共赢	10				
反思总结	拓展深入，笔记详尽，总结反思到位	10				

拓展训练

　　幼儿园宣传栏要放置园里老师照片并配有文字介绍的海报，要用美图秀秀软件制作宣传海报。

　　操作要求：

　　（1）用美图秀秀软件创建一个头像海报 1 242 × 1 242 px 模板。

　　（2）设计宣传海报布局结构。

　　（3）搜索个人简介的头像模板。

　　（4）更换头像素材换上教师照片。

　　（5）利用文本框制作个人简介板块，设置文字样式。

　　（6）对相关元素进行组合效果。

　　（7）保存宣传海报。

任务4　编辑舞蹈大赛歌曲

任务描述

　　幼儿园准备召开舞蹈大赛，红一班班主任为比赛进行前期准备工作，她收集了小朋友们的舞蹈名单和歌曲素材。在彩排阶段，红一班班主任发现要对歌曲进行处理，舞蹈效果才最好，于是她利用一个神奇的软件将重复的乐句剪了，经过处理，几首歌曲衔接得更紧密了，还合成了一个音频文件，播放起来更方便了。一个视频文件还能提出音频文件，太神奇了！她是怎么做的呢？让我们来看看吧！合成的音频文件效果如图4-4-1、图4-4-2所示。

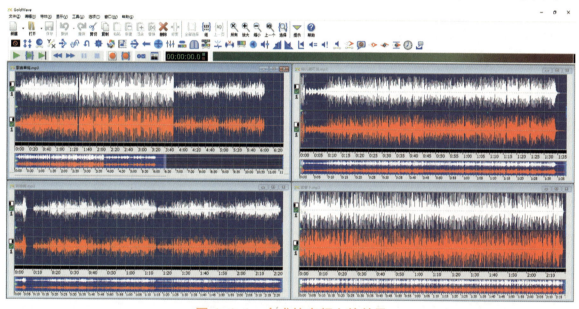

图 4-4-1　合成的音频文件效果

　　银铃笙笙.mp4
　　拔萝卜.mp3
　　铃儿响叮当.mp3　　　歌曲串烧.mp3
　　娃哈哈.mp3　　　　　银铃笙笙.mp3
　　勇气大爆发.mp3　　　勇气大爆发（删减版）.mp3

图 4-4-2　原音频、视频文件处理前后对比图

附：舞蹈大赛部分节目单

1. 独舞《勇气大爆发》

2. 舞蹈串烧《拔萝卜》《娃哈哈》《铃儿响叮当》

3. 独舞《银铃笙笙》

排版要求

 学习目标

1. 会使用软件剪辑音频文件。

2. 会使用软件合并音频文件。

3. 会导入和保存音频文件。

4. 会使用格式转换软件对文件格式进行转换。

5. 在进行音频编辑训练的同时，培养学生敢于实践的精神。

6. 鼓励学生进行规范设计，提高学生的审美情趣和艺术修养。

 技术分析

➤ 通过 GoldWave 软件删除需要剪辑的音乐片段。

➤ 通过 GoldWave 软件合并音乐。

➤ 通过金舟格式工厂软件将视频文件转换成音频软件。

 学习准备

（1）课前扫码观看微课进行预习。

（2）扫码自学课前知识准备。

（3）扫码完成工作页中的引导问题。

微课　　　　知识准备　　　工作页

 任务实施

在我们的工作中经常要对音频文件进行处理，从而增添整体内容的趣味性。这样我们就会用到音频剪辑软件，这类好用的软件有很多，比如 Adobe Audition、GoldWave、闪电音频剪辑软件、剪映等，我们以 GoldWave v6.57 软件为例进行音频软件的学习。

操作演示

GoldWave 是一款非常专业的电脑数字音频编辑软件，它支持许多格式的音频文件，可进行声音编辑、播放、录制和转换等操作，包括 WAV、OGG、VOC、IFF、AIFF、AIFC、AU、SND、MP3、DWD、SMP、SDS、AVI、MOV、APE 等音频格式。

1. 打开 GoldWave 软件

双击桌面上的 GoldWave 软件图标，即可打开 GoldWave 软件，界面如图 4-4-3 所示。

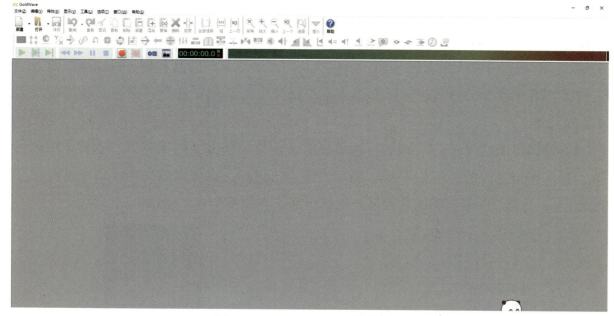

图 4-4-3　GoldWave 软件界面

2. 打开文件

单击"文件"选项卡的"打开"按钮（图 4-4-4），在弹出的"打开"对话框中选择素材库中的音频文件"勇气大爆发 .mp3"。

图 4-4-4　"打开"按钮

【提示】单击工具栏上的"打开"按钮，可以打开文件，如图 4-4-5 所示。也可以直接将音频素材拖动到软件的工作界面中。

图 4-4-5　"打开"按钮

3.剪辑音乐

按键盘上的〈Space〉键进行播放试听，我们发现"勇气大爆发"这首歌的前8秒是重复的旋律，不利于小朋友的舞蹈表演，所以我们需要删除素材的前8秒。具体操作如下：

（1）在音乐起始的位置，鼠标右键单击，在弹出的菜单中选择"设置启动标记"如图4-4-6所示。

（2）按键盘上的〈Space〉键进行播放试听，待播放到需要剪辑的点，也就是第8秒的位置，再次按键盘上的〈Space〉键，然后右键单击鼠标，在弹出的快捷菜单中选择"设置完成标记"，这样，需要剪辑的片段就被框选出来了，如图4-4-7所示。

图 4-4-6　设置启动标记

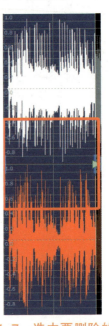

图 4-4-7　选中要删除的音频

（3）删除多余音乐片段。

选择好需要删掉的音乐片段后，单击工具栏中的"删除"按钮，或者直接按键盘上的〈Delete〉键，即可删除不需要的音乐片段，如图4-4-8所示。

图 4-4-8　删除按钮

（4）保存文件。

单击"文件"菜单，选择"保存"按钮或者直接单击工具栏中的"保存"按钮，如图4-4-9所示。

图 4-4-9　保存文件按钮

4. 合并音乐

有一组的舞蹈表演需要将"拔萝卜""铃儿响叮当""娃哈哈"三首歌剪辑在一起，让我们一起来完成吧！

（1）打开三首音乐素材。

单击"打开"按钮，在弹出的"打开"对话框中，按住键盘上的〈Ctrl〉键，依次单击三首音乐素材，如图 4-4-10 所示。

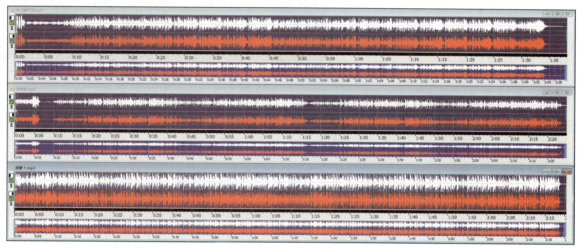

图 4-4-10　打开音乐素材

（2）单击"文件"选项卡的"新建"命令，新建一个空白的音频文件，命名为"舞蹈串烧'拔萝卜''娃哈哈''铃儿响叮当'"，设置初始文件长度要比三首音乐总计的时间要长一些，预计设置为 6 分钟，如图 4-4-11 所示。

（3）单击第一首歌曲"拔萝卜.mp3"，右键单击鼠标，在弹出的快捷菜单中选择"复制"，如图 4-4-12 所示。

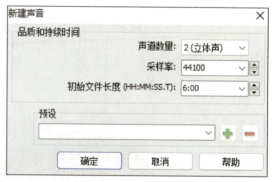

图 4-4-11　设置文件长度

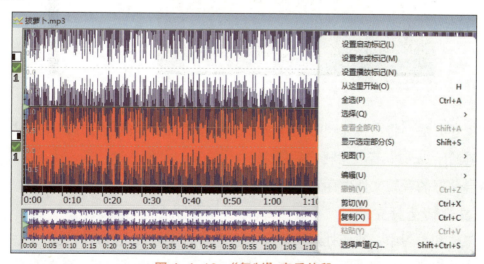

图 4-4-12　"复制"音乐片段

（4）单击新建的空白音频文档，单击工具栏上的"粘贴"按钮，或者是在新建的空白音频文档中右键单击鼠标，在弹出的快捷菜单中选择"粘贴"，第一首歌曲被复制到新建的音频文档中，如图4-4-13所示。

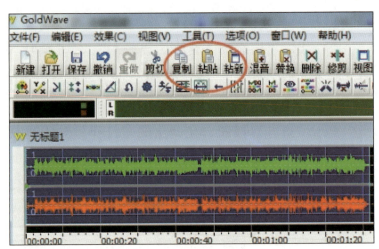

图 4-4-13 "粘贴"音乐片段

（5）选中第二首歌曲"娃哈哈.mp3"，按"空格"键试听音乐，我们发现该歌曲片头有10秒旁白，利用上述剪辑音频的操作步骤，裁剪此首歌曲的前10秒。

（6）将音乐剪辑好后，单击工具栏上的"复制"按钮，在新建的文档中粘贴第二段音频。注意在第一段音频的末端右键单击鼠标，在弹出的快捷菜单中选择"设置起动标记"，否则，粘贴的第二段就变成第一段了，如图4-4-14所示。

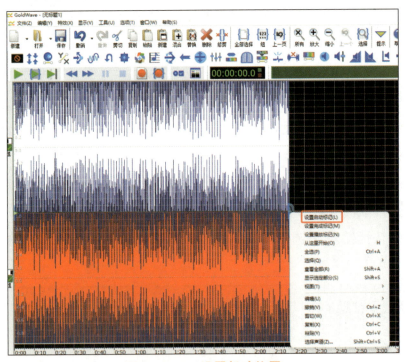

图 4-4-14 设置起动位置

（7）按上述方法，将"铃儿响叮当"歌曲素材剪掉前8秒多余部分，并粘贴到上述新建音乐文档"娃哈哈.mp3"音频素材之后。

（8）将合并好的音频文件保存到指定的位置。

5. 视频文件转音频文件

在日常工作和学习中，我们处理文件经常遇到要对文件格式进行转换。文件转换格式软件有很多，比如格式转换器助手、全能格式转换工厂、风去格式工厂、金舟格式工厂等。那么我们以金舟格式工厂 v2.6.2 为例，学习如何将视频文件转换成音频文件。

在刚刚的任务中，张老师在整理小朋友们发给她的素材里有一个是视频文件，为了单纯播放音频，在不需要重新搜索素材的前提下，我们只需将视频文件转换成音频文件，让我们一起来学习吧！

（1）双击桌面上的"金舟格式工厂"快捷方式图标，即可打开金舟格式工厂 v2.6.2 软件的界面，如图 4-4-15 所示。

图 4-4-15 "金舟格式工厂"软件界面

（2）单击图 4-4-15 所示的"视频格式转换"按钮，在弹出的视频格式转换界面中选择左侧界面的"视频转音频"按钮，如图 4-4-16 所示。

图 4-4-16 视频格式转换界面

（3）单击"添加文件"按钮，将视频文件"银铃笙笙.mp4"添加到软件中，或直接将视频素材拖动到软件界面中，如图4-4-17所示。

图4-4-17 "添加文件"按钮

（4）设置导出格式为"MP3"，输出目录后，单击"开始转换"按钮进行视频文件转音频文件，如图4-4-18所示。

图4-4-18 设置参数

（5）导出成功后，弹出对话框，前往导出文件夹，如图4-4-19所示。

（6）将转换好的音频文件保存，视频文件成功转换为音频文件，如图4-4-20所示。

图 4-4-19　前往导出文件

图 4-4-20　音频文件转换成功

利用以上方法，完成音频编辑软件和格式转化工厂软件的学习。

 任务评价

任务评价表

考核内容	考核标准	分值100	学生自评10%	组内互评30%	组间互评30%	教师评价30%
精神面貌	课前准备足，课上精神佳，发言清亮，兴趣浓	10				
任务评价	剪辑音频	12				
	合并音频	12				
	剪辑效果	12				
	格式转换	12				
	导出音频	12				
参与程度	学习时长持久，积极发现问题并清晰表达；善于倾听评价，思考创新；小组合作交流顺畅	10				
参与效果	学习品质坚实，自主习惯养成，问题意识敏锐，合作竞争共赢	10				
反思总结	拓展深入，笔记详尽，总结反思到位	10				

 拓展训练

剪辑儿歌。

操作要求：

（1）下载"数鸭子""大风车"两首儿歌。

（2）严格掌控剪辑时间，避免节目没有开始或结束时间，造成听众的困扰。

（3）保证剪辑效果的统一性和完整性。

（4）具备创造性的剪辑风格和审美水准，避免出现重复或过渡生硬的情况。

（5）保持注重细节和整体配合，使剪辑效果更加出众。

任务5　制作节日活动视频

任务描述

　　新学期伊始，红班的班主任别出心裁地选择了剪映软件来制作节日活动视频。她精心挑选了拍摄的照片、视频片段和音频素材，巧妙地运用剪辑、特效和字幕等手法，将素材融合在一起，打造出了一个充满中国传统特色的避暑山庄灯会活动视频。这个视频不仅向小朋友们生动展示了中国的传统节日文化，还记录下了大家在节日期间的欢声笑语和美好瞬间，成为一份珍贵的纪念。看下她是怎么做的？视频截图如图 4-5-1 所示。

避暑山庄灯会活动视频.mp4

图 4-5-1　制作节日活动视频截图

排版要求

学习目标

> 1. 熟练掌握剪映软件的基本界面布局，能够迅速找到并使用各项功能。
> 2. 会剪映软件的基础操作，如导入素材、预览、保存和导出视频等。
> 3. 会基本的视频剪辑技术，包括裁剪、拼接、拆分、速度调整等。
> 4. 会运用转场效果，使不同视频片段之间的过渡更加自然。

5.会调整视频中的音频，包括音量大小、音效添加、声音淡入淡出等。

6.会各种特效和滤镜的使用方法，如色彩调整、光影效果、动态效果等。

7.会在视频中添加文字，包括文字样式、大小、颜色、位置等的调整。

8.会动画效果的添加方法，如文字动画、元素动画等，使视频更加生动有趣。

9.培养创意思维和设计灵感，能够根据不同主题创作独特的视频作品。

10.提高审美水平，学会运用色彩、构图、节奏等元素提升视频的整体美感。

技术分析

➢导入和整理视频素材，确保编辑的素材准确无误。

➢利用基础剪辑功能，如裁剪、拼接和拆分，快速去除冗余部分，保留核心内容。

➢通过应用简单的转场效果，让不同片段之间过渡更加自然流畅。

➢通过剪映软件的音频调整方法，可以有效优化视频的音质，提升观看体验。

➢通过丰富的特效和滤镜库，我们可以轻松为视频添加各种独特的视觉效果，从而增强其艺术感染力和观赏性。

➢通过文字添加与样式调整，使视频信息传达更加清晰直观。

➢通过动画效果的运用，为视频增添趣味性，吸引观众，提升视频的观看价值和吸引力。

学习准备

（1）扫码观看微课进行预习。

（2）扫码自学课前知识准备。

（3）扫码完成工作页的引导问题。

微课　　　知识准备　　　工作页

任务实施

（1）在网站下载并安装剪映专业版，剪映软件版本有很多，以安装剪映5.5.0.11332版本为例。安装成功后桌面上有该软件的快捷图标。

（2）在制作视频之前，应做好准备工作，如设计脚本、搜集整理素材等，如图4-5-2、图4-5-3所示。

制作避暑山庄灯会活动脚本

时间段	画面描述	配乐/声效	字幕/注释
00:00—00:07	显现避暑山庄灯光夜景的大门	古筝悠扬的音乐	避暑山庄，古韵之地
00:08—00:13	镜头缓慢移动，展现避暑山庄内部全景	古筝悠扬的音乐	灯火辉煌，如梦如幻
00:15—00:29	聚焦在灯会上，各式各样的灯笼高挂	古筝悠扬的音乐	灯会盛景，点亮夜空
00:30—00:43	游客穿梭其中，欢声笑语，热闹非凡	古筝悠扬的音乐	游人如织，欢声笑语
00:44—01:34	在这个灯火辉煌的世界里，各式各样的灯交织成一幅绚丽的画卷。	古筝、笛子等乐器合奏	古典的、现代的、简约的、华丽的……，交织成一幅绚丽的画卷
01:35—02:04	镜头拉远，再次展现烟雨夜话场景	古筝、笛子等乐器合奏	烟雨夜话，灯火璀璨，共赏美景
02:05—02:10	画面渐暗，出现"避暑山庄灯会，期待与您再次相约"字样	悠扬的音乐	期待与您再次相约

图 4-5-2　脚本

1 避暑山庄，古韵之地.jpg　2 灯火辉煌，如梦如幻.mp4　3 灯会盛景，点亮夜空.mp4　4 游人如织，欢声笑语.mp4　5 各式各样的灯 五彩斑斓　6 聚焦到烟雨楼　7 期待与你再次相见.jpg

图 4-5-3　素材

（3）导入素材。

在剪映软件的主界面中，单击"开始创作"或"新建项目"开始一个新的视频项目，如图 4-5-4 所示。

图 4-5-4　"开始创作"视频

在项目创建后，你会看到一个空的时间线。这时，单击屏幕上方的"+"按钮或"导入"按钮，如图 4-5-5 所示。

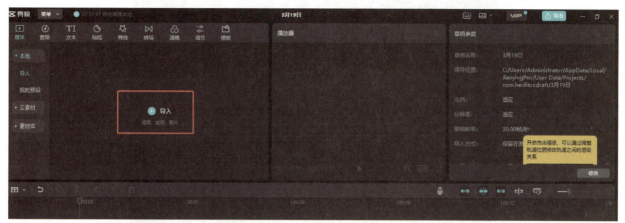

图 4-5-5 "导入"按钮

单击后，会打开一个文件选择器。从中选择之前拍摄的避暑山庄灯会素材。选择所需的素材后，单击"导入"按钮，这样素材就会被导入剪映软件的素材库中，如图 4-5-6 所示。

图 4-5-6 导入素材

（4）剪辑与排序。

在剪映软件的素材库中，你会看到你刚刚导入的所有素材。长按你想要添加到时间线的素材，然后拖曳它到时间线上，例如按脚本设计，首先显现避暑山庄灯光夜景的大门，如图 4-5-7 所示。

图 4-5-7　将素材拖拽到时间轴上

根据拍摄的顺序和想要表达的故事线，对时间线上的素材进行排序，如图 4-5-8 所示。

图 4-5-8　将素材排序

使用工具栏中的"分割"功能，在素材上选择不需要的部分，然后单击切割按钮，这样不需要的部分就会被分割开来，如图 4-5-9 所示。

图 4-5-9　分割视频功能

使用"选择"功能，拖动素材调整素材的位置。

（5）添加文字效果。

在时间线上选择你想要添加文字的片段，单击屏幕下方的"文本"按钮（通常是一个"T"字母的图标），在弹出的文本编辑框中，输入你想要显示的文字内容，调整文字的字体、大小、颜色、对齐方式等属性，以匹配视频的风格和氛围。例如给第一张图配上"避暑山

庄，古韵之地"的文字字样，如图 4-5-10 所示。

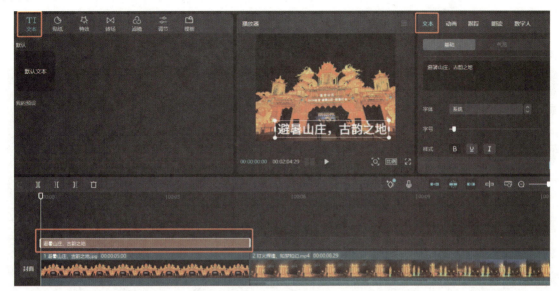

图 4-5-10　添加文本

可以选择将文字作为静态文本显示，或者为文字添加动画效果。单击"动画"按钮，选择适合的动画效果，如淡入、淡出、移动等，按脚本设计为其他素材添加好文本效果，如图 4-5-11 所示。

图 4-5-11　文字添加动画效果

【提示】调整文字出现的时间和持续时间，以确保它与视频或图片内容相匹配，方法为拖动鼠标对齐即可，如图 4-5-12 所示。

图 4-5-12　文字与视频或图片内容匹配

（6）添加转场、滤镜与动画效果。

在两个不同素材之间，单击屏幕下方的"转场"按钮（可能是一个带有两个重叠方块的图标），然后从提供的转场效果中选择一个适合的效果，如图 4-5-13 所示。

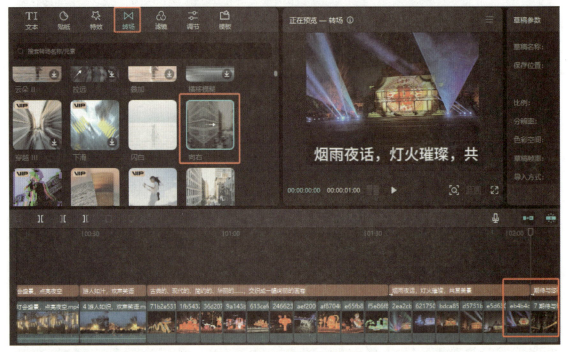

图 4-5-13 "转场"效果

单击"滤镜"按钮（可能是一个带有闪电或彩虹的图标），然后从提供的滤镜中选择适合的来增强视频的氛围和观感，如图 4-5-14 所示。

图 4-5-14 "滤镜"效果

如果想要添加动态效果，可以使用"动画"功能（可能是一个带有箭头的图标），选择适合的动画效果并应用到相应的素材上，如图4-5-15所示。

图4-5-15　"动画"效果

（7）调整音频。

单击屏幕下方的"音频"按钮（可能是一个带有音符的图标），然后选择一首适合避暑山庄灯会氛围的背景音乐，如图4-5-16所示。

图4-5-16　插入声音

调整音乐的音量大小，确保它不会盖过视频的声音。可以通过拖拽音量滑块来调整。

如果需要，在关键节点添加音效。单击"音效"按钮（可能是一个带有声音波形的图标），然后从提供的音效库中选择适合的音效。

【提示】声音也是可以根据制作效果截取的。

（8）预览与导出。

单击屏幕右上方的"播放"按钮或类似的图标，预览整个视频，查看效果是否满意。

如果需要，可以再次调整剪辑、特效和音频设置。

满意后，单击屏幕右上角的"导出"按钮或类似的图标，选择导出的分辨率和格式，保存视频，如图 4-5-17、图 4-5-18 所示。

图 4-5-17　导出视频

图 4-5-18　避暑山庄灯会活动视频

任务评价

任务评价表

考核内容	考核标准	分值 100	学生 自评 10%	组内 互评 30%	组间 互评 30%	教师 评价 30%
精神面貌	课前准备足，课上精神佳，发言清亮，兴趣浓	10				
任务评价	会基本剪辑技术	12				
	设置转场效果	12				
	添加音频效果	12				
	设置文字效果	12				
	设置动画效果	12				
参与程度	学习时长持久，积极发现问题并清晰表达；善于倾听评价，思考创新；小组合作交流顺畅	10				
参与效果	学习品质坚实，自主习惯养成，问题意识敏锐，合作竞争共赢	10				
反思总结	拓展深入，笔记详尽，总结反思到位	10				

拓展训练

搜集校园里的快乐瞬间，制作以校园快乐时光为主题的视频，时间 3~5 分钟。

参考文献

1. 专著类

[1] 徐维华，王健，张卫民. 信息技术［M］. 北京：高等教育出版社，2022.

[2] 罗光春，胡钦太. 信息技术［M］. 北京：北京理工大学出版社，2022.

[3] 刘珍芳，陈丽敏. 现代教育技术［M］. 北京：化学工业出版社，2024.

[4] 傅连仲. 信息技术［M］. 北京：电子工业出版社，2022.

[5] 梁兴连. 现代教育技术应用［M］. 北京：电子工业出版社，2018.

2. 期刊类

[1] 黄河，杨明鄂，旷庆祥. 职业教育"新型活页式教材"的内涵及建设路径［J］. 教育与职业，2021（2）：5.

[2] 刘蓉. 高职计算机应用基础通识课程的新型活页式教材研究［J］. 教育现代化，2019（8）：50.

[3] 散晓燕. 1+X 证书制度下高职新型活页式教材的特征、价值与设计［J］. 教育与职业，2021（11）：93-97.

[4] 张丽，许芳，张西翠. 新型活页式教材的研究及应用实践［J］. 陕西广播电视大学学报，2021，23（1）：57-60.

[5] 吴振东. 试论"活页教材 + 活页笔记 + 功能插页"三位一体自主思维模式的构建［J］. 新课程研究，2018（9）：62-66.

[6] 王启龙，马树超. 我国职业院校教材建设的成效、挑战与对策［J］. 职教论坛，2020（12）：24-29.

3. 学位论文

[1] 李梁. 信息技术与思政课教育教学的深度融合研究［D］. 上海：上海大学，2018.

[2] 胡小勇. 问题化教学设计——信息技术促进教学变革［D］. 上海：华东师范大学，2005.

[3] 李睿. 信息技术与课程整合的新趋向——基于 iPad+Apps 的课程设计研究［D］. 上海：华东师范大学，2013.

[4] 艾元元. 微课在高中信息技术技能课中的应用研究［D］. 南京：南京师范大学，2015.

[5] 明娟. 信息技术支持下的"翻转课堂"教学过程特征分析［D］. 武汉：华中师范大学，2014.

[6] 喻衍红. 利用信息技术促进大学生深度学习的研究［D］. 南昌：江西师范大学，2010.

[7] 刘春申. 基于"任务驱动"的教学策略研究——以中职信息技术教学为例［D］. 重庆：西南大学，2009.